ÉTUDES SUR LEIBNIZ
À LA LIBRAIRIE VRIN

BECCO A., *Du simple selon Leibniz*, 1975.

BELAVAL Y., *Leibniz. Initiation à sa philosophie*, 1993.

BOEHM A., *Le « Vinculum substantiale » chez Leibniz, ses origines historiques*, 1962.

BOUVERESSE R., *L'idée d'animisme universel chez Spinoza et Leibniz*, 1992.

BRUNNER F., *Études sur la signification historique de la philosophie de Leibniz*, 1950.

DUCHESNEAU F., *La dynamique de Leibniz*, 1994.

– *Les modèles du vivant de Descartes à Leibniz*, 1998.

DUMAS M.-N., *La pensée de la vie chez Leibniz*, 1976.

FRÉMONT C., *L'Être et la relation.* Avec 37 lettres de Leibniz au R. P. Des Bosses, préface de Michel Serres, 1981.

– *Singularités. Individus et relations dans le système de Leibniz*, 2003.

GAUDEMAR M. de, *Leibniz. De la puissance au sujet*, 1994.

Leibniz et les puissances du langage, sous la direction de D. BERLIOZ et F. NEF, 2004.

MOREAU J., *Le Dieu des philosophes. Leibniz, Kant et nous*, 1969.

NAERT É., *Leibniz et la querelle du pur amour*, 1959.

– *Mémoire et conscience de soi selon Leibniz*, 1961.

Perspectives sur Leibniz, sous la direction de R. BOUVERESSE, 1999.

RAUZY J.-B., *La doctrine leibnizienne de la vérité. Aspects logiques et ontologiques*, 2001.

ROBINET A., *Architectonique disjonctive, automates systémiques et idéalité transcendantale dans l'œuvre de Leibniz. Avec de nombreux textes inédits*, 1986.

– *Justice et terreur : Leibniz et le principe de raison*, 2001.

– *Leibniz. Iter Italicum. La dynamique de la République des Lettres*, 1998.

– *Malebranche et Leibniz.* Relations personnelles présentées par A. Robinet, avec les textes complets des auteurs et de leurs correspondants, revus, corrigés et inédits.

ROY (O.), *Leibniz et la Chine*, 1972.

CONFESSIO PHILOSOPHI

(LA PROFESSION DE FOI DU PHILOSOPHE)

TEXTES DE LEIBNIZ
À LA LIBRAIRIE VRIN

Caractéristique géométrique, texte établi, introduit et annoté par J. Etcheverria, traduit, annoté et postfacé par M. Parmentier, 1995.

Correspondance avec Thomasius (1663-1712), texte établi, traduit et commenté par R. Bodeüs, 1993.

De l'horizon de la doctrine humaine. La restitution universelle, introduction, textes, traduction et notes par M. Fichant, 1991.

Des conditions. Introduction, traduction, texte latin en vis-à-vis et notes par P. Boucher, 2003.

Discours de métaphysique, édition collationnée avec le texte autographe par H. Lestienne, introduction par A. Robinet, 1994.

Discours de métaphysique et correspondance avec Arnauld, introduction, texte et commentaire par G. Le Roy, 1993.

L'estime des apparences : 21 manuscrits de Leibniz sur les probabilités, la théorie des jeux, l'espérance de vie, textes établis, traduits, introduits et annotés par M. Parmentier, 1995.

La quadrature arithmétique du cercle, de l'ellipse et de l'hyperbole, introduction, traduction et notes par M. Parmentier, texte latin édité par E. Knobloch, 2004.

La naissance du calcul différentiel : 26 articles des Acta Eruditorum, traduction, introduction et commentaire de M. Parmentier, 1995.

La réforme de la dynamique, texte établi, commenté et annoté par M. Fichant, 1994.

Le droit de la raison, textes réunis et présentés par R. Sève, 1994.

Malebranche et Leibniz, relations personnelles présentées par A. Robinet, avec les textes complets des auteurs et de leurs correspondants, revus, corrigés et inédits, 1955.

Marginalia in Newtoni Principia Mathematica (1687), édition critique en langue allemande par E. A. Fellmann, traduction française par J.-F. Courtine, 1999.

Opuscules philosophiques choisis, texte latin, traduction en vis-à-vis, introduction et notes par P. Schrecker, 2001.

35 lettres de Leibniz au R. P. Des Bosses, dans C. Frémont, *L'Être et la relation*, 1981.

BIBLIOTHÈQUE DES TEXTES PHILOSOPHIQUES

Fondateur : Henri GOUHIER Directeur : Jean-François COURTINE

G. W. LEIBNIZ

CONFESSIO PHILOSOPHI

LA PROFESSION DE FOI DU PHILOSOPHE

TEXTE, TRADUCTION ET NOTES

PAR

Yvon BELAVAL

Nouvelle édition revue et augmentée
Troisième tirage

PARIS

LIBRAIRIE PHILOSOPHIQUE J. VRIN

6, PLACE DE LA SORBONNE, V[e]

—

2004

Printed in France
ISSN 0249-7972
ISBN 2-7116-0484-5

A la mémoire de Gaston Grua.

AVERTISSEMENT

Les manuscrits du philosophe de Hanovre opposent à leurs déchiffreurs des difficultés parfois invincibles. Un de leurs meilleurs spécialistes, le Professeur Erich Hochstetter (1888-1968), disait à Gaston Grua et à moi-même, qu'à moins de vingt ans d'exercice on ne pouvait en triompher. Il était donc inévitable que Jagodinsky commît de nombreuses erreurs de lecture, comme il était inévitable que, dans l'impossibilité où je me suis trouvé, en 1960, d'accomplir le travail paléographique nécessaire, je dusse me borner à corriger une vingtaine de ces erreurs.

Aujourd'hui, grâce à l'édition Saame (1967), nous possédons du manuscrit une lecture probablement définitive. Elle nous a permis de rectifier la nôtre, encore que nous ne la suivions pas dans le moindre détail, quand le détail ne nous a point paru changer la compréhension juste du texte, et pour lui laisser le privilège de l'édition-témoin.

Paris, 20 janvier 1970.

PRÉSENTATION

LE MANUSCRIT

On trouvera, sous les numéros 649, 650, 651, dans le *Catalogue critique des Manuscrits de Leibniz* publié par Rivaud [1], la description des manuscrits qui forment notre texte. L'édition de Jagodinsky précise cette description [2].

Un premier manuscrit, A (649 A), autographe de 16 feuillets 1/4 in-folio, numérotés de 6 à 21, utilisés recto et verso, comprend la totalité de notre texte, avec des corrections rapportées de 649 B (voir, par exemple, les notes 147, 152 à la fin du présent volume). Le titre, folio 6 recto, est : *Confessio Philosophi.* Cependant — voir note 21 — en tête du folio 7 recto (ici, p. 30), Leibniz inscrit en marge un nouveau titre : *Fragmentum Dialogi de humana libertate et justitia Dei,* comme s'il avait songé à supprimer tout le début et à faire commencer à ce folio son Dialogue.

Le deuxième manuscrit, B (649 B), autographe, de 5 feuillets 1/2 folio recto et verso plus un sixième feuillet recto, numérotés de 1 à 6, est une mise au net corrigée de la dernière partie de A, du folio 16 verso (ici, p. 88), — *Scito igitur ut in Republica, ita et in mundo...* — jusqu'à la fin, c'est-à-dire jusqu'à : *et illustrandarum mentium zelo inflammentur,* 21 recto de A, 5 verso de B (ici p. 108), si l'on ne tient pas compte, avec Rivaud, des dernières lignes barrées (voir note 217) ; et jusqu'à : *quasi exorcismo quodam exterreantur. Valé.,* 21 verso de A, 6 recto de B (ici, p. 110), si l'on tient compte de ces lignes. Un troisième titre apparaît en tête de ce manuscrit B : *Fragmentum colloquii inter Theophilum et Epistemon. De justitia Dei circa praedestinationem*

1. *Catalogue critique des manuscrits de Leibniz, Fascicule II (mars 1672-novembre 1676).* — Poitiers 1914-1924. BODEMANN, *Die Leibniz-Handschriften der koen. oeff. Bibliothek zu Hannover,* Hannover, 1895, ajoute, p. 5, qu'au double manuscrit de notre *Confessio* est joint un feuillet, de la main de Leibniz, intitulé : « Du franc arbitre », Fragment.

2. Ivan JAGODINSKY : *Leibnitiana inedita, Confessio philosophi* Kazan, Typolithographie de l'Université Impériale, 1915.

aliisque ad hoc argumentum spectantibus. D'où, entre parenthèses, après l'abréviation *PH* qui désignait *Philosophus,* l'indication E = *Epistemon;* l'abréviation *TH* ne changeant évidemment pas, qu'il s'agisse de *Theologus* ou de *Theophilus.*

Les manuscrits 650 et 651 du *Catalogue* présentent : l'un, des Remarques critiques sur la *Confessio* peut-être de l'abbé Foucher, suggerait Rivaud ; l'autre, les réponses de Leibniz à ces Remarques. Ce sont ces Remarques et réponses qui figurent en marge du manuscrit A, à partir du folio 7 verso ; et que Jagodinsky a reproduites en notes (ici, à partir de p. 36).

L'ÉDITION JAGODINSKY

On peut dire que, malgré l'édition Jagodinsky, la *Confessio Philosophi* demeurait pratiquement inédite. Cette édition avait même échappé à l'inventaire de Ravier [3]. C'est que, ayant paru en 1915, expliquait M. P. Schrecker : « Pour des raisons que l'on comprendra facilement, elle est restée entièrement inconnue, et aucune des grandes bibliothèques d'Allemagne, de France, d'Angleterre, ne paraît en conserver d'exemplaire. Le seul que nous connaissions appartient à M. Austin (Magdalen College, Oxford) chez qui le Dr Klibansky nous l'a signalé et qui a bien voulu nous en permettre l'usage [4]. » A notre tour, nous avons travaillé sur une photocopie du texte latin de cet exemplaire, communiquée par Gaston Grua. Il ne nous a pas été possible de nous procurer l'Introduction (15 pages) et la traduction, en russe, que nous aurions pu nous faire traduire, le Professeur Austin venant prématurément de disparaître [5], et la Bibliothèque de Kazan à laquelle nous nous étions adressé, ne nous ayant jamais répondu. L'édition Jagodinsky, très fautive [6], exigeant de nombreuses corrections [7], n'en était pas moins précieuse parce qu'elle nous donnait une vue complète d'un texte dont les rares commentateurs

3. E. Ravier : *Bibliographie des œuvres de Leibniz,* Paris, 1937.

4. P. Schrecker : *Une Bibliographie de Leibniz,* Revue Philosophique, novembre-décembre 1938, p. 344.

5. John Langshaw Austin (26 mars 1911-7 février 1960) avait traduit en anglais les *Grundlage der Arithmetik* de Frege. Voir article nécrologique du *Times,* 10 février 1960.

6. Déjà, dans son compte rendu de : Ivan Jagodinsky, *Leibnitiana Elementa Philosophiae arcanae, De Summa rerum,* Kazan, 1913, A. Rivaud se plaignait des inexactitudes de l'éditeur : Revue de Métaphys. et de Morale, janvier 1914, p. 95.

7. Nous en avons fait plus de vingt, la plupart imputables à des fautes de typographie : *absorrente* pour *abhorrente, fixo* pour *faxo, colere* pour *colore, divinesti* pour *divinasti, cum* pour *Deum, videntque* pour *vidensque, erant* pour *erunt,* etc.

qui le citaient ne nous donnaient qu'une vue partielle ou éparpillée.

Il y a un siècle, Foucher de Careil[8] attirait l'attention sur un inédit intitulé : *Dialogus de immortalitate mentis et necessitate rectoris in mundo et confessio philosophi, seu de justitia Dei circa praedestinationem aliisque ad hoc argumentum spectantibus*. Il voyait deux dialogues dont le premier — *de immortalitate mentis et necessitate rectoris in mundo* — serait « malheureusement perdu » et auquel la première phrase de la *Confessio* ferait allusion. L'allusion se rapporte plutôt à la *Confessio naturae contra Atheistas* et aux fragments *Demonstrationum Catholicarum conspectus*[9]. Après quoi, Foucher de Careil résumait à trop grands traits pour en laisser une idée suffisante le manuscrit[10], dont il ne voulait retenir que le triomphe sur le « Théologien calviniste ». Il se montrait pourtant plus précis aux pp. 99-101, sur le principe d'individuation, à propos duquel il résumait et par endroits traduisait cursivement le passage pp. 104, 106 (ci-après).

W. Kabitz[11] ne détachait du Dialogue qu'une formulation nouvelle du principe de raison suffisante (voir note 22).

Gaston Grua, qui n'avait pu citer la *Confessio* que rapidement dans les *Textes Inédits*, y renvoie constamment dans ses deux thèses[12], surtout *Jurisprudence universelle et théodicée selon Leibniz* : mais ainsi elle se trouve dispersée en de nombreuses fiches répandues, en notes, à travers les volumes.

Devant la rareté des commentaires[13] et la difficulté de recourir au manuscrit, il nous avait semblé qu'en attendant l'édition préparée par M. le Professeur Erich Hochstetter (Münster) pour

8. *Mémoire sur la philosophie de Leibniz*, sujet mis au concours par l'Académie des Sciences morales et politiques, pour l'année 1860. Publié par Alfred Fouillée. 2 vol. Paris, 1905.

9. *Philosophische Schriften*, éd. Ac. prussienne des Sciences, VI, I, 494. A ce propos, cf. plus loin, p. 113, note 1.

10. P. 34-36.

11. *Die Philosophie des jungen Leibniz. Untersuchungen zur Entwicklungsgeschichte seines Systems*, von Dr. Willy KABITZ (Heidelberg, 1909).

12. Gaston GRUA : *G.W. Leibniz. Textes inédits d'après les manuscrits de la Bibliothèque provinciale de Hanovre*, 2 t., Paris, 1948. — *Jurisprudence universelle et théodicée selon Leibniz*, 1953. *La justice humaine selon Leibniz*, 1956. — Vérification faite, sur les 46 p. de texte latin, numérotées par nombres pairs de 2 à 92, que comporte l'édition Jagodinsky, G. Grua ne passe sous silence, dans l'ensemble de ses trois ouvrages, que les pp. 34, 48, 68, 76, 78, 86, 88.

13. Kurt HILDEBRANDT : *Leibniz und das Reich der Gnade*, La Haye, 1953, ne paraît pas connaître la *Confessio*. Ni, déjà, Baruzi lui-même.

les *Samtliche Schriften und Briefe* publiés par l'Académie prussienne des Sciences, il était bon de rendre accessible ce quasi inédit qui se range parmi les plus riches. Dans son article sur les *Elementa Philosophiae arcanae,* A. Rivaud présentait le travail d'Ivan Jagodinsky comme une « édition provisoire, que remplacera d'ailleurs, d'ici peu, l'édition critique de l'Association des Académies »[14]. C'était en 1913. Il nous reste moins à attendre. Mais, de toute manière, cette édition ne sera pas à la portée du grand public ni des étudiants, et elle ne comportera pas la traduction française.

L'ÉDITION SAAME

Six ans après la nôtre, le Dr Otto Saame devait publier une nouvelle — la troisième — édition, traduite et annotée (en Allemand) de cette *Confessio*[15]. Travaillant sur les manuscrits, dont il complète les descriptions données par Rivaud et Jagodinsky, assisté au besoin par des déchiffreurs de la *Leibniz-Forschungsstelle* aussi éprouvés que les Drs Willy Kabitz et Heinrich Schepers, il a pu établir le texte avec une rigueur scientifique à laquelle il faut rendre hommage. Répétons-le : sa version est sans doute définitive. Il va plus loin.

A qui attribuer les remarques critiques du manuscrit 650 ? On ne le savait pas. Selon Rivaud, « peut-être » à l'abbé Foucher. Contrairement à ce que nous fait dire le Dr Saame[16], nous n'avions — aux pages 12-13 — accueilli cette suggestion qu'avec d'expresses réserves : nous ignorions sur quoi elle était appuyée ; nous ne retrouvions pas, dans la Correspondance entre l'abbé et notre philosophe, la moindre trace d'un consultation sur la *Confessio ;* si elle avait eu lieu, nous l'aurions située non pas en 1673, mais vers 1675 ; bref, notre ignorance, le prestige de Rivaud, l'accord entre la vivacité de certaines répliques de Leibniz et son jugement sur Foucher — « Sa tête était un peu brouillée »[17] — nous avaient seuls gardé de rejeter positivement l'hypothèse.

Elle était fausse. L'examen graphologique de nombreux manuscrits ont permis au Dr Otto Saame de prouver que le censeur était Nicolas Sténon (1638-1686), envoyé apostolique de la

14. *Art. cit.*, p. 95.

15. G. W. Leibniz : *Confessio Philosophi,* Text Uebersetzung Kommentar. Hrsg von Otto Saame (Vittorio Klostermann, Frankfurt am Main, 1967).

16. « Rivaud und Belaval meinen, Foucher habe die Marginalien, die um 1673 entstanden seien, verfasst », *Ibid.*, pp. 20-21.

17. Ed. Gerhardt, t. I, p. 365.

Curie romaine auprès de la Cour de Hanovre en 1677. La découverte est importante. Elle va nous servir pour préciser la date du manuscrit B et compléter l'histoire de la *Confessio.*

DATES

A quelle date Leibniz a-t-il écrit la *Confessio Philosophi* ? La Préface de la *Théodicée* nous répond : « et enfin avec le célèbre Monsieur Arnauld, à qui je communiquai même un Dialogue latin de ma façon sur cette matière, environ l'an 1673, où je mettais déjà en fait que Dieu ayant choisi le plus parfait de tous les mondes possibles, avait été porté par sa sagesse à permettre le mal qui y était annexé, mais qui n'empêchait pas que tout compté et rabattu ce monde ne fût le meilleur qui pût être choisi [18]. » La date est confirmée par une annotation à des Extraits de S. Pufendorf, de 1673-1674 [19]. Ou encore par une lettre à Malebranche, du 22 juin 1679 : « je me souviens d'avoir montré un petit dialogue à Mons. des Billettes, qui allait fort avant, et qui, à mon avis, ne laissait plus de doute sur la liberté, si ce n'est qu'on en veuille établir une notion absurde et contradictoire ; *quicquid agit, quatenus agit liberum est* [20]. »

La date de 1673 concerne le manuscrit A. Le manuscrit B aurait été, selon Rivaud, écrit « vraisemblablement vers 1678 » à Hanovre (n° 649 B). C'est ici que la découverte du Dr Saame va permettre de préciser. En effet, à peine Sténon est-il arrivé à Hanovre, que, le 27 novembre 1677, il a une conversation avec Leibniz sur la liberté (Grua, pp. 268-273). C'est probablement pour continuer cette conversation que Leibniz lui communique le manuscrit A rapporté de Paris. Il venait de procéder de cette manière avec Malebranche : « En retournant chez moi j'ai médité sur ce que nous avions dit de part et d'autre. Il est très vrai, comme vous avez bien reconnu, qu'on ne saurait faire assez de réflexion sur toutes les choses, pendant la chaleur de la conversa-

18. *Die philosophischen Schriften*, éd. Gerhardt, t. VI, p. 43. Invoqué par Rivaud, *Catalogue*, n° 648 (abrégé). Complétons par le § 211 de la même *Théodicée*, ibid., p. 244 : « Étant en France, je communiquai à M. Arnauld un dialogue que j'avais fait en latin sur la cause du mal et sur la justice de Dieu ; c'était non seulement avant ses disputes avec le R. P. de Mallebranche, mais même avant que le livre de la *Recherche de la Vérité* parût. Ce principe que je soutiens ici, savoir que le péché avait été permis, à cause qu'il avait été enveloppé dans le meilleur plan de l'univers, y était déjà employé ; et M. Arnauld ne parut point s'en effaroucher.

19. Grua : *Textes inédits*, p. 594.

20. Ed. Gerhardt, t. I, p. 331. *Catalogue*, n° 647 (abrégé) éd. Acad. pruss. II, I, p. 478 donne « ... contradictoire. *Quicquid agit...* ».

tion ; à moins que de s'assujettir à des lois rigoureuses, ce qui serait trop ennuyeux. Mais il est bien plus commode d'observer ces lois sur le papier. Je l'ai voulu essayer » ; les écrits « laissent le loisir de méditer »[21]. Aussi proposerions-nous comme date psychologiquement la plus probable des *marginalia :* décembre 1677 ou janvier 1678.

CIRCONSTANCES

A la Cour de l'Archevêque de Mayence où il a été introduit, en 1668, par le baron Jean-Christian de Boinebourg, Leibniz s'était trouvé en milieu irénique[22]. Du côté protestant, les Calixtins, partisans d'une réunion des Églises, étaient représentés par Frédéric Ulric Calixte, fils de Georges, le fondateur du mouvement, et par Hermann Conring, ami de Boinebourg. Lui-même, le baron, s'était converti au catholicisme, et restait inspiré par les Jésuites[23]. Dès 1662, le P. J. Messen provoquait des rencontres entre plusieurs princes allemands et l'Électeur de Mayence ; depuis 1660, Spinola, franciscain, évêque de Thina, multipliait des missions iréniques en Allemagne. Leibniz s'applique à concilier les thèses en présence. Ses projets ne sont pas mal reçus, « quoique la diversité de religion selon les apparences me devrait être contraire dans une Cour comme celle-là »[24]. Il projette des *Démonstrations Catholiques* en quatre parties : I. Les preuves de l'existence de Dieu ; II. La démonstration de l'immortalité et de l'immatérialité de l'âme ; III. La possibilité des Mystères chrétiens ; IV. La démonstration de l'autorité de l'Église catholique et des Écritures[25]. En 1668, la *Confessio Naturae contra Atheistas* luttait contre les prétentions du mécanisme : ce dernier ne se suffit pas ; il doit être subordonné à la finalité de la Volonté divine. En mai (?) 1671 il écrit à Magnus Wedderkopf, professeur de Droit à Kiel, une brève lettre où se condensent les thèses principales de notre *Confessio* : les décrets de Dieu sont absolus, Pilate est damné parce qu'il a manqué de foi, par faute de volonté d'attention ; rien n'a lieu sans raison et l'ultime raison est l'intellect divin ; Dieu choisit le

21. Ed. Gerhardt, t. I, p. 321, p. 324.

22. Consulter J. BARUZI : *Leibniz et l'organisation religieuse de la terre*, Paris, 1907. — *Leibniz*, Paris, 1909. — Foucher de Careil : *Œuvres de Leibniz*, t. I, Paris, 1859.

23. Eva ULTSCH : *Johann Christian von Boineburg. Ein Beitrag zur Geistesgeschichte des 17 Jahrhunderts*, Würzburg, 1936, en particulier chap. III, p. 60.

24. *Au duc Ernest-Auguste*, s.d. O. KLOPP, : *Die Werke von Leibniz*, t. V, p. 58.

25. Ed. Acad. pruss. VI, I, 494 sq.

meilleur, le plus harmonique entre une infinité de possibles ; la liberté consiste à être contraint au meilleur par une raison droite ; tout n'a donc lieu que par une nécessité hypothétique ; on ne veut pas vouloir, on veut le meilleur ; Dieu n'est pas l'auteur du péché, il le permet en vue du meilleur tout[26].

A Paris, dès septembre 1672[27], il rencontre Arnauld : il lui avait écrit en 1671. Ayant en 1668 beaucoup contribué à « la paix de l'église » menacée par les querelles du gallicanisme, au surplus oncle de Pomponne, Arnauld représentait alors une force : Boinebourg « croyait que son sentiment pouvait être d'un grand poids »[28]. Leibniz n'ose aborder de front les points controversés entre Rome et Augsbourg, mais il prépare le terrain : « ... j'allais avec toute la circonspection possible, pour ne pas me découvrir mal à propos[29]... » Mais en décembre 1672 la mort de Boinebourg, trois mois plus tard celle de l'Électeur-Archevêque de Mayence, le laissent sans protecteurs. Il n'en abandonne pas pour cela le projet religieux et patriotique d'une réunion des Églises. Il rédige la *Confessio Philosophi.* Il continue de rencontrer Arnauld. En février 1686, au lendemain de la crise ouverte par la révocation de l'édit de Nantes, c'est à Arnauld encore qu'il adressera son *Discours de Métaphysique* qui traite de la Nature et de la Grâce.

En attendant, il doit quitter Paris et arrive à Hanovre fin décembre 1676. Un an plus tard, Sténon y arrive à son tour. Son nom n'était pas inconnu à Leibniz. A. Paris, par Tschirnhaus, il avait entendu parler de sa lettre à Spinoza *de vera philosophia, ad novae philosophiae reformatorem* (1675). Converti au catholicisme (voir la *Théodicée,* § 100), et renonçant du même coup à une carrière scientifique — ses recherches en géologie devaient inspirer en partie la *Protogeae* de Leibniz — Sténon, désormais partisan de l'autorité en matière de foi, ne pouvait que s'opposer au rationalisme du *Tractatus theologico-politicus* ; et Leibniz, en la circonstance, ne pouvait que se sentir plus proche de Spinoza, ainsi qu'en témoignent ses remarques sur la lettre de 1675[30]. — A Hanovre, dès le 27 novembre 1677, nous l'avons rappelé, le philosophe rencontre l'envoyé apostolique, et il soumet la *Confessio* à sa censure. Mais Sténon n'a pas l'air de se

26. Même éd. II, I, 117-118.
27. *A Arnauld et à de Pomponne,* 12 sept. 1672. O. KLOPP, t. II, p. 139. (= Rivaud, *Catalogue,* 129 A.)
28. *Au duc Jean-Frédéric,* s.d. KLOPP, t. IV, p. 441.
29. *Ibid.*
30. GRUA, *op. cit.,* p. 158-163.

donner le loisir de méditer, et le censuré de s'en plaindre : « *necesse est censorem valde fuisse in legendis praecedentibus festinum* ». Dans sa hâte, observe le Dr Saame, il laisse échapper des fautes de latin. Leibniz réplique parfois rudement. Cette rudesse, si peu conforme à ses habitudes, — par exemple : *ridicula objectio* — est, à coup sûr, le signe qu'il n'a pas renvoyé le manuscrit à Sténon et que l'échange sur la *Confessio* en est resté là. D'ailleurs on sent la lassitude de répondre s'emparer du philosophe qui, à la fin, se contente à peu près de répéter : « le censeur n'a pas compris ». Son jugement est fait : « *Stenonium Episcopum,* écrit-il à Conring en mars 1678, *doleo nunc a physiologicis studiis averti ad theologica vel ideo quia in his facilius quam in illis habebit parem* »[31] ; et, plus tard, la *Théodicée* (§ 100) tranchera : ce grand Physicien était un « théologien médiocre ».

Est-ce à dire que tout dialogue entre les deux hommes soit rompu ? Non. Mais Leibniz a certainement renoncé à remonter, avec Sténon, jusqu'aux principes logico-métaphysiques de la théologie naturelle, et mieux vaut s'en tenir à des débats moins éloignés de la pratique religieuse sur la psychologie de la conversion, les voies du salut, le purgatoire, le libre examen et l'autorité. Peut-être, selon la supposition de Grua, Leibniz fait-il de Sténon le Poliandre du *Dialogue entre Poliandre et Théophile,* sans date, publié par Baruzi dans la *Revue de Métaphysique et de Morale* en janvier 1905. Peut-être inversement, est-ce bien à Leibniz que réplique Sténon dans les 10 pages de ses *Catholische Glaubenslehre vom Fegfeuer...,* Hanovre 1678. Maintenant que le Dr Otto Saame a identifié le censeur de la *Confessio* un petit travail d'histoire et de comparaison des textes est à faire sur les rapports du philosophe et du missionnaire apostolique.

Et le manuscrit B de cette même *Confessio* soulève aussi un problème. Cette copie a été tirée après les annotations de Sténon et sans doute à une date rapprochée, au début de 1678. Au folio 7 du manuscrit A, Leibniz avait indiqué par un titre qu'il se proposait de traiter *de humana libertate et justifia Dei* ; le dernier quart du dialogue, qui va constituer le manuscrit B, devient un *Fragmentum colloquii inter Theophilum et Epistemonem. De justitia Dei circa praedestinationem aliisque ad hoc argumentum spectantibus.* Or, il est sensible, d'après les observations marginales du dialogue et d'après les inédits rassemblés par Grua, que le débat avec l'envoyé apostolique avait presque exclusivement

31. Ed. Gerhardt, t. I, p. 193.

porté sur la liberté humaine : au dernier quart de la *Confessio* les *marginalia* de Sténon s'espacent et les réponses de Leibniz sont de plus en plus découragées et plus vagues. Il serait donc invraisemblable que le manuscrit B ait été établi pour Sténon. Mais alors, pour qui donc ? Les changements de noms des dialoguistes, le *Théologien* se transformant en *Théophile,* et le *Philosophe* en *Epistémon,* peut-il mettre sur la piste ? Et si Sténon était ce Poliandre qui s'écrie : « Ne me parlez pas des Jansénistes, Théophile, ils passent pour hérétiques à Rome... »[32], phrase qui ironise contre Poliandre, ne faudrait-il pas chercher du côté de quelque janséniste ?

En tout état de cause, il semble que le manuscrit B situe dans le premier trimestre 1678 la dernière date à laquelle Leibniz a dû songer à utiliser sa *Confessio* à quelque propros irénique. C'est que sa philosophie évolue : en 1678 il découvre sa Dynamique, il va désubstantialiser l'espace, et par conséquent, renoncer au principe d'individuation défendu en cette *Confessio,* il s'oriente vers le *Discours de Métaphysique* qu'il enverra, comme pour relayer son dialogue de 1673, à Arnauld.

LES PERSONNAGES

La *Confessio* met en présence dans un dialogue — le genre est alors à la mode et Descartes lui-même s'y était essayé[33] — un théologien catéchiste et un philosophe catéchumène, que le manuscrit B baptisera Théophile et Epistemon. Le Philosophe, c'est, évidemment, Leibniz. Mais le théologien ? Pour Foucher de Careil, aucune hésitation : il s'agit d'un théologien Calviniste ; aussi bien voit-on « Leibniz, vainqueur du Calvinisme, dépasser dès cette époque le principe du protestantisme... »[34]. Non. Loin de tâcher à vaincre le Calvinisme, Leibniz en a de préférence toujours cherché l'accord avec le luthéranisme[35]. La date à laquelle la *Confessio* a été écrite fait plutôt songer à Arnauld. Car

32. Revue de Métaphysique et de Morale, janvier 1905, p. 24.

33. Dans la *Recherche de la Vérité* dont Leibniz a acheté un manuscrit en 1671 : des trois personnages du dialogue, l'érudit se nomme aussi Epistemon, comme le Philosophe de la *Confessio* devait se nommer ; mais il n'y a là sans doute qu'une coïncidence.

34. *Mémoire...,* pp. 35, 99, 36.

35. En particulier, sur le problème de la prédestination, voir GRUA : *Jurisprudence universelle...,* pp. 454-466 et 482-484. — Et l'on n'oubliera pas que H. SCHMALENBACH : *Leibniz,* München 1921, a voulu reconnaître un individualisme calviniste en notre philosophe.

Arnauld a pour but « non seulement d'illuminer les cœurs des clartés de la religion, mais encore de ranimer la flamme de la raison, éclipsée par les passions humaines », — on croit entendre le début de notre Dialogue — et, dans le dessein de corriger les abus, de faire cesser la division, « sur divers points d'importance, il fait alors le premiers pas, et, en homme avisé, va par degrés »[36]. « L'Église — écrira Leibniz au Landgrave de Hessen-Rheinfels — a deux grandes obligations à Monsieur Arnauld et à ses amis, l'une d'avoir établi excellemment ce grand principe de la nécessité de l'amour de Dieu sur toutes choses, l'autre d'avoir travaillé avec succès contre les corrupteurs de la morale chrétienne[37] » A Paris, avons-nous vu, il n'ose aborder les points controversés entre Rome et Augsbourg ; et, précisément observe Grua, la *Confessio Philosophi* « ne concerne pas une question controversée entre Rome et Augsbourg, mais entre écoles théologiques dans chaque église »[38]. Si notre hypothèse est exacte, elle éclaire la fin de cette *Confessio* : quand le Théologien répond (ci-après p. 108) qu'il soumettrait à l'approbation plusieurs des explications qu'il vient d'entendre, s'il ne craignait que les hommes ne le soupçonnent de collusion avec le Philosophe — n'est-ce pas là une réponse prudente que le luthérien Leibniz pouvait, en l'an 1673, prêter au théologien catholique Arnauld ? ou, fin l'an 1677, à l'envoyé apostolique Sténon ? Cette réponse n'indique-t-elle point quel projet poursuivait Leibniz en rédigeant son dialogue ?

D'autre part, en remplaçant le titre de « Théologien » par le nom de « Théophile » qui deviendra son prête-nom dans les *Nouveaux Essais*[39], Leibniz semble avouer que, le théologien, c'est aussi, encore, lui-même : la *Confessio Philosophi* n'annonce-t-elle pas (voyez p. 28, p. III) une *Confessio Theologiæ ?* Et l'homme de savoir scientifique, Epistemon, n'est-il pas, précisément, le philosophe que l'on croyait plongé dans les seules mathématiques alors « qu'il avait bien d'autres vues, et que ses méditations principales étaient sur la Théologie » ?[40]

36. *Au duc Jean-Frédéric*, 26 mars 1673, Klopp, t. III, p. 265.

37. 4/14 août 1683. Chr. von ROMMEL : *Leibniz und Landgraf Ernst von Hessen-Rheinfels*, Frankfurt a/M 1847, t. I, p. 365.

38. *Textes inédits*, p. 188, note 66.

39. Dès octobre 1679 (?) dans un *Dialogue entre Theophile et Polidore*, relevé par Grua, *Textes inédits*, p. 285 sq.

40. *Au duc Jean-Frédéric*, automne 1679, éd. Acad. prus., IV, I, p. 493.

LE DIALOGUE

Le plan du dialogue est clair : I. la justice de Dieu (28-64) ; II. la liberté humaine (66-86) ; III. la prédestination (86-fin).

I. Dieu est juste, c'est-à-dire il aime tous les hommes. Qu'on parte des définitions : *Dieu* (substance omnisciente et omnipuissante), *juste* (aimer tous les êtres), *aimer* (trouver du plaisir dans la félicité d'autrui), *trouver du plaisir* (éprouver l'harmonie), *harmonie* (similitude dans la variété, ou diversité compensée par l'identité) ; si toute félicité est harmonique, toute harmonie connue de Dieu, toute conscience d'harmonie délectable, Dieu ne peut qu'aimer tous les hommes, il est juste. Ainsi la promesse biblique — Dieu veut sauver tous les hommes — se trouve-t-elle démontrée (28-32).

Et pourtant Judas est condamné par le péché de haine contre son Créateur. Comment concilier cette perte avec la promesse biblique ? Rien n'a lieu sans raison. De cause en cause, ne remonte-t-on pas à la raison dernière, Dieu, qui voudrait ainsi le péché et en serait l'auteur ? (32-40).

A coup sûr, Dieu est la *cause physique* du péché : toute existence vient de lui. Il n'en résulte pas que de son existence nécessaire suit nécessairement toute existence. Ici encore il importe de raisonner sur de strictes définitions : *nécessaire* (dont l'opposé implique contradiction), *contingent* (non-nécessaire), *possible* (qui ne comporte pas la nécessité d'existence), *impossible* (non-possible), *vouloir* (se réjouir d'une existence), *ne pas vouloir* (se réjouir d'une non-existence), *permettre* (savoir, sans vouloir ni ne pas vouloir), *être l'auteur* (être volontairement la raison). De ces définitions on tire qu'il n'est pas plus contradictoire de poser une existence contingente à partir de l'existence nécessaire de Dieu, que d'aboutir logiquement à une conclusion particulière à partir de premisses universelles ; et surtout on en tire la distinction entre nécessité brute et nécessité hypothétique. La damnation de Judas est seulement d'une nécessité hypothétique (40-58).

En d'autres termes, si Dieu est la *cause physique* du péché, il n'en est pas la *cause morale.* Il choisit le meilleur des mondes possibles que lui présente son entendement. La raison dernière des choses, le principe de l'harmonie, réside en cet entendement dont la vérité éternelle ne dépend pas de la volonté divine. Ce qui dépend de cette volonté, c'est le choix. Dieu veut le meilleur. Il ne *veut* pas le mal ou le péché : il le *permet* parce que l'harmonie universelle en est inséparable comme, en peinture, la lumière est mise en évidence par l'ombre, ou, en musique, la

consonance générale rendue plus vive par des dissonances. S'il ne *veut* pas le mal ou le péché, il ne saurait en être *l'auteur* (58-64). La justice de Dieu est donc sauve et sa bonté vengée.

II. Reste à sauver la liberté humaine. Rien n'a lieu sans raison. Donc tout vouloir a sa raison. Ce principe semble entraîner qu'aucune volonté n'est libre. Définissons la liberté par la spontanéité (puissance) et le choix (savoir). Cette définition exclut la liberté d'indifférence, car le choix a toujours une raison, et montre que tout péché est erreur due a un manque d'attention. La Grâce étant appel à l'attention, on peut dire que le pécheur refuse, par malignité, la Grâce (66-76).

En ce cas, le pécheur n'est-il pas en droit de se plaindre d'être né méchant ? Non pas. Car en toute justice on ne remonte pas à la cause de la mauvaise volonté. Puisque la volonté est libre, puisque le pécheur est prévenu, il ne dépend que de lui de changer sa mauvaise volonté : aussi, en droit, n'est-il jamais damné, mais reste-t-il toujours damnable, ce qui est une autre façon de rappeler qu'il reste libre. Or, le damné, loin de changer, se complaît à sa mauvaise volonté, mieux que cela : à sa douleur. Et il ne cesse librement de se damner lui-même, multipliant à l'infini, à chaque instant sa damnation, comme le Bienheureux, l'élu, ne cesse librement, par son amour pour Dieu, de se béatifier lui-même, multipliant à l'infini, à chaque instant, sa béatitude. Ainsi donc, après avoir concilié le péché avec la justice divine, nous venons de le concilier avec la liberté humaine (76-88).

III. Cependant, insistera-t-on, d'où vient que certaines âmes aiment Dieu et que d'autres le haïssent ? C'est que les unes comprennent la beauté de l'harmonie universelle : heureuses du passé, s'efforçant de rendre le futur le meilleur possible, elles affrontent l'heure de la mort terrestre dans le contentement ; les autres, au contraire, ne reconnaissant pas la beauté de l'harmonie universelle, s'indignent contre Dieu (et les athées, bien qu'ils ne parlent point de Dieu, ont la même attitude), quittent ce monde pleins de haine, s'opinâtrent à se damner, — opiniâtreté diabolique qu'illustre bien l'apologue de l'ermite qui voulut sauver Beelzebul (88-100).

Dieu ne pouvait-il donc éviter la damnation de certains ? Il le pouvait. Mais alors ce monde n'eût pas été le meilleur. Or, il l'est, cela se prouve *a posteriori* du seul fait que Dieu l'a choisi, et *a priori* puisque, l'harmonie étant la cause finale qui meut l'esprit, l'harmonie la plus parfaite possible doit être la cause finale qui meut l'esprit parfait (100-102).

Allons plus loin : pourquoi l'ordre du monde comporte-t-il que *cette* âme se damne plutôt que *cette* autre ? La réponse est aisée : c'est qu'autrement elle ne serait pas *cette* âme. Nous touchons ici au problème de l'individuation. Toute âme est située dans cet ordre du monde, c'est-à-dire individuée par le lieu et le temps qui déterminent son histoire. Dès lors se plaindre de ne pas être né dans d'autres circonstances devient contradictoire et c'est demander l'impossible (102-108).

Le Philosophe ne peut aller plus loin : au Théologien de poursuivre sur les vérités révélées : mais ce sera l'objet d'un autre dialogue.

LES POINTS NOUVEAUX

Dans l'évolution continue de la doctrine leibnizienne, quel est l'apport du dialogue ?

Le goût du formalisme n'est pas neuf : il constitue un trait constant de notre philosophe. La méthode la plus sublime est celle qui déduit à partir des premiers principes. Ces principes ? les définitions. Quant à la forme du raisonnement, elle nous est enseignée par le Syllogistique, la Théologie naturelle et la Jurisprudence. Mais si telle est la *forme* du raisonnement, le modèle de la *certitude* commence à apparaître sous un nouveau jour à Leibniz au moment où il entreprend son initiation mathématique. Cette initiation confirme la valeur des signes et des formules : la Caractéristique-Combinatoire. A la manière dont la *Confessio* déduit analytiquement ses conséquences à partir de définitions, on devine de quelle manière le mathématicien démontrera analytiquement que $2 + 2 = 4$. Détail significatif : l'emploi nouveau du mot *série* pour désigner la suite de l'univers [41] et cela avec tant de rigueur mathématique que changer la série de cet univers reviendrait à en changer la raison génératrice, Dieu.

Du même coup, le principe de raison suffisante reçoit, comme Willy Kabitz l'a noté, une formulation plus logicienne. La *Confessio Naturae*, de 1668, se bornait à dire : il faut rendre raison du mécanisme [42]. La *Theoria Motus abstracti* (1671) poursuivait : si Euclide peut se contenter de l'axiome « le tout est plus grand

41. Voir note 38. Et. GRUA, *Textes inédits*, p. 16. Selon O. Saame (p. 22) : « Leibniz a probablement *(wohl)* a été amené par les pertinentes objections de Sténon à élucider sa conception des séries purement possibles en les distinguant de la série effectivement existante. »

42. Ed. Gerhardt, t. IV, p. 107.

que la partie », la théorie du mouvement exige le principe le plus élevé *(nobilissimum)* : *Nihil est sine ratione* qui fait intervenir un choix ; et de même en va-t-il *in scientia civili*[43]. Et le petit *Essai sur la toute-puissance et l'omniscience de Dieu et sur la liberté de l'homme* désignait Dieu comme l'origine ultime de toutes choses, la raison pour laquelle quelque chose existe plutôt que rien, et ainsi plutôt qu'autrement[44]. Ici, p. 34, la formule est reprise, mais serrée de plus près encore : la raison suffisante est l'ensemble des requisits de l'existence. Trois ans plus tard, en 1676, elle aboutira à la formulation du principe de continuité[45].

Mais à prendre plus strictement le principe de raison, ne risque-t-on pas de tomber dans le nécessitarisme ? La distinction entre nécessité brute et nécessité hypothétique, jusque-là méprisée[46], doit être maintenant considérée avec la plus grande attention. Aussi (p. 54, et note 71), est-ce encore une nouveauté de la *Confessio Philosophi* que de définir : *permittere est, nec velle, nec nolle, et tamen scire.* L'entendement où règne la nécessité logique, n'est pas la volonté qui choisit le meilleur. L'infaillibilité de la prescience divine, privilège de l'entendement pur, n'entraîne pas une contrainte par la divine volonté. Toutefois, si la solution d'un problème est ici énoncée, la démonstration n'en est pas encore parfaite : elle se parfera en même temps que la réponse aux difficultés de l'individuation.

La Thèse *de principio individui* (1663) s'était prononcée à la fois contre Saint Thomas et contre Duns Scot : tout être est individué par son entité tout entière[46]. La *Confessio philosophi* individue par le lieu et le temps. C'est que l'espace et le temps conservent pour Leibniz une valeur substantielle. Sous l'influence des découvertes accomplies en mathématiques et dans la Dynamique, ils n'exprimeront plus qu'un ordre de coexistence et de succession. L'année même où il énonce le principe de continuité, 1676, le 1er avril, Leibniz note que les possibles singuliers — les indiscernables — ne peuvent être conçus *nisi intellecto ordine universi*[47]. Un être est donc individué par son ordre dans l'uni-

43. *Ibid.*, p. 232.

44. *Von der Allmacht und Allwissenheit Gottes und der Freiheit des Menschen*, éd. Acad. pruss., t. IV, I, p. 544.

45. Grua : *Textes inédits*, p. 258.

46. Ed. Gerhardt, t. IV, p. 18.

47. I *April*, 1676. *Meditatio de principio individui. Elementa Philosophiae Arcanae...*, éd. cit. p. 68. Commentaire hâtif dans Foucher de Careil, *Mémoire*, p. 101 sq.

vers. Il ne reste plus qu'à comprendre comment les propositions existentielles se distinguent, par une analyse interminable, des propositions essentielles : ce qui nous sera expliqué en 1686 [48]. Alors sera achevée la doctrine de la notion complète de substance : « la notion individuelle de chaque personne renferme une fois pour toutes ce qui lui arrivera à jamais [49] » ; chacun de nous est individué par son histoire où il exprime son essence ; il n'y a pas deux être identiques ; chacun, dans l'harmonie universelle, est lié idéalement aux autres, en sorte que le moindre changement de l'un entraîne le changement de tous les autres, et réciproquement (principe de continuité) ; et ainsi la prescience infaillible de Dieu porte sur des propositions existentielles que l'on ne peut réduire à une nécessité brute.

PREMIÈRE THÉODICÉE

Sans doute Leibniz songeait-il à une trilogie : après la *Confessio Naturae,* la *Confessio Philosophi,* bientôt la *Confessio Theologi* dont les *Demonstrationes Catholicae* offraient déjà des arguments. Cette dernière *Confessio* n'a pas été écrite. Tout au moins sous la même forme. En fait, Leibniz est revenu sans cesse sur le même sujet. Entre 1683-1686, il esquisse un nouvel essai *de libertate fato gratia Dei* [50]. *Le Discours de Métaphysique* est un véritable *Traité de la Nature et de la Grâce.* Il se peut, comme M. Gueroult l'a suggéré à M. Robinet [51], que Leibniz ait eu sous les yeux le *Taité* de Malebranche quand il composait son *Discours* : la *Confessio Philosophi* en fera mieux apercevoir l'originalité. Par exemple, lorsque Malebranche concède « que Dieu, avant que de créer les âmes pour les unir au corps, prévoit tout ce qui doit leur arriver, selon les lois générales de la Nature et de la Grâce, et tout ce qu'elles feront dans toutes les circonstances possibles » ; lorsqu'il ébauche ensuite une sorte d'indivi duation par le corps, « Pierre se trouvant engagé par sa naissance dans des lieux, des temps, des emplois qui le portent au mal » [52], nous restons loin pourtant du rigorisme logicien de la notion complète. Enfin, il faudrait pouvoir comparer cette pre-

48. *Generales inquisitiones de Analysi notionum et Veritatum.* Couturat : *Opuscules et fragments inédits de Leibniz,* Paris, 1903, pp. 356-399.

49. *Discours de Métaphysique,* § XIII.

50. Grua : *Textes inédits,* p. 306.

51. A. Robinet : *Malebranche et Leibniz. Relations personnelles,* Paris, 1955, pp. 139-140.

52. *Premier Discours, article LVII,* éd. G. Drefus, Paris, 1958, p. 60.

mière *Théodicée* de Leibniz avec celle de 1710, comme avec les *Principes de la Nature et de la Grâce fondés en raison,* de 1714. A coup sûr, Foucher de Careil exagère quand, à propos du dialogue « malheureusement perdu » sur l'immortalité de l'âme et la nécessité d'un recteur du Monde, joint à la *Confessio Philosophi,* il s'exclame : « C'est précisément l'ordre de la Théodicée... On pourrait dire que Leibniz n'a fait que traduire en langue française... on y trouve une déduction de sa Théodicée future à partir de son grand principe de l'harmonie... La Théodicée ne contient pas de plus éloquent tableau de la misère humaine, que cette plainte des damnés dans la bouche du Théologien Calviniste... L'optimisme, qui est le plus beau fruit de l'harmonie universelle, est développé dans sa réponse : les principaux arguments de la Théodicée s'y trouvent [53]... » C'est pourtant une vérité que Foucher de Careil exagère.

DÉDICACE

Qu'il nous soit permis pour conclure d'adresser une pensée à la mémoire de Gaston Grua : en lui dédiant ce travail, qui sans lui, ne nous aurait pas été possible, nous ne faisons que payer une dette de gratitude.

Et nous devons aussi remercier les bibliothéçaires de Hanovre qui ont toujours répondu aimablement à nos demandes ; Monsieur le Professeur Erich Hochstetter (Munster) dont l'érudition est venue à notre secours ; Messieurs les Professeurs de Gandillac (Sorbonne) et Schilling (Strasbourg) qui nous ont souvent aidé dans des passages difficiles ; et notre ami Brice Parain qui nous a traduit du russe les notes de Jagodinsky.

53. *Mémoire...,* pp. 35-36.

CONFESSIO PHILOSOPHI

[6r] CONFESSIO PHILOSOPHI

CATECHISTA THEOLOGUS. — Satis superque nuper de immortalitate mentis, et necessitate Rectoris in mundo contulimus. Si sic perpetuô satisfacies, valdè minues mihi instruendi tui laborem. Nunc exspectat nos spinosa tractatio de *Justitia Dei*[1], nihil enim crebriùs, aut speciosùs providentiae opponitur, quàm perturbatio rerum. Hanc à te rectae rationis subsidiis adornari, ac velut perpoliri desidero, ut cùm à me revelationum lux afferetur, puriore radiorum reflexu animi afficiantur.

CATECHUMENUS PHILOSOPHUS. — Placet conditio, utrinque fructuosa. Tu modô incipe interrogando.

THEOLOGUS. — Ergo, ut arcem causae invadamus. Putasne *Deum esse justum* ?

PHILOSOPHUS. — Ego verô puto, imô scio.

TH. Quem vocas *Deum* ?

PH. Substantiam omnisciam, et omnipotentem.

TH. Quid *justum esse* ?

PH. Justus est, qui amat omnes.

TH. *Amare* autem ?

PH. Felicitate alterius *delectari.*

TH. Quid *delectari* ?

PH. Sentire harmoniam.

TH. Quid tandem *harmonia* ?

1. *Ces mots sont soulignés deux fois dans le manuscrit.*

LA PROFESSION DE FOI DU PHILOSOPHE

LE THÉOLOGIEN CATÉCHISTE. — Récemment [1], nous nous sommes entretenus suffisamment, même plus que suffisamment, de l'immortalité de l'âme et de la nécessité d'un Être qui gouverne le monde. Si vous continuez ainsi à me donner satisfaction, vous m'allégerez fort la tâche de vous instruire. Aujourd'hui nous attend l'épineuse question de la *Justice de Dieu* [2], car il n'est pas d'objection plus fréquente et plus spécieuse contre la providence que le désordre des choses. Cette question, je désire que vous en prépariez et, en quelque sorte, polissiez les éléments avec le concours de la droite raison, afin que, lorsque j'apporterai la lumière des vérités révélées, les esprits soient touchés par une plus pure réflexion de ses rayons [3].

LE PHILOSOPHE CATÉCHUMÈNE. — J'accepte cette condition profitable à l'un comme à l'autre. Mais commencez par interroger.

LE THÉOLOGIEN. — Eh bien, pour entrer au cœur du débat, pensez-vous *que Dieu soit juste* ?

LE PHILOSOPHE. — Certes, je le pense, ou plutôt : je le sais.

TH. Qu'entendez-vous par *Dieu* ?

PH. Une substance omnisciente et omnipuissante [4].

TH. Qu'est-ce qu'*être juste* ?

PH. Juste est celui qui aime tous les hommes.

TH. Mais *aimer* ?

PH. *Trouver du plaisir* dans la félicité d'autrui [5].

TH. Qu'est-ce que trouver du plaisir ?

PH. Éprouver l'*harmonie* [6].

TH. Qu'est-ce, enfin, que l'*harmonie* ?

PH. Similitudo in varietate, seu diversitas identitate compensata.

TH. Positâ definitione tuâ necesse videtur *Deum,* si justus sit, *amare omnes* ?

PH. Ita certè.

TH. Sed hoc multis negatum nosti[1].

PH. <Negatum est à nonnullis viris magnis, sed et ab iisdem aliquandò affirmatum variato vocum sensu[2].

TH. De hoc postea fortasse, nunc videre aveo quo sis argumento usurus.>

PH. Sumpto ex responsis à me et à te admissis. Nonne concessum est Deum omniscium esse ?

TH. Quid tum ?

PH. Ergo nulla ulli rei cogitabili harmonia inerit, quin ei perpetuò nota sit.

TH. Esto

PH. Porrô *omnis felicitas harmonica* <sive pulchra> est.

TH. Fateor.

PH. Ego ne alii negent probabo. Felicitas non est nisi mentium.

TH. Rectè, nam nemo felix est, nisi sciat se esse. (Nosti illud : O fortunatos nimium, bona si sua norint !) Quisquis status sui conscius est, mens est. Ergo *nemo felix, nisi qui mens est.*

PH. Rotundè conclusum. Est autem utique felicitas status mentis ipsi menti gratissimus, nihil verò gratum menti praeter harmoniam.

TH. Ita sanè cum paulò ante convenerimus nihil aliud
[6v] esse | delectari, quàm sentire harmoniam.

PH. Consistet ergo felicitas in statu mentis quàm maxime harmonico. Natura mentis est cogitare ; harmonia ergo mentis consistet in cogitanda harmonia ; et *maxima harmonia mentis, seu felicitas in concentrátione harmoniae universalis, id est DEI, in mentem.*

1. *Au lieu de cette phrase, Leibniz avait écrit :* at quo argumento mihi persuades sententiam tot aliis negatam.

2. *Ensuite était écrit, mais barré :* ut postea ostendam. Probatur autem haec sententia.

PH. La similitude dans la variété, c'est-à-dire la diversité compensée par l'identité [7].

TH. Posée votre définition, nécessairement, semble-t-il, Dieu, s'il est juste [8], *aime tous les hommes* [9].

PH. Oui, assurément.

TH. Mais vous savez que beaucoup le nient [10].

PH. Quelques grands hommes l'ont nié, mais parfois aussi accordé après avoir changé le sens des mots [11].

TH. Nous y reviendrons peut-être tout à l'heure. Pour l'instant, je brûle de voir quelle argumentation vous allez employer.

PH. Elle sera prise des réponses admises par moi et par vous. N'avez-vous pas concédé que Dieu est omniscient ?

TH. Et alors ?

PH. Il n'y aura donc d'harmonie en aucune chose, qu'il n'en conserve conscience.

TH. Soit !

PH. En outre, *toute félicité est harmonique* ou belle [12].

TH. Je l'avoue.

PH. Quant à moi, je vais le prouver afin que d'autres ne le nient. La félicité n'appartient qu'aux esprits.

TH. Juste, car nul n'est heureux sans savoir qu'il l'est (vous connaissez le fameux vers : *O fortunatos nimium, bona si sua norint !*) [13] Tout être conscient de son état est un esprit. *Donc nul n'est heureux qui ne soit un esprit.*

PH. Voilà qui est conclu avec élégance. Or, assurément, la félicité est l'état de l'esprit le plus agréable à l'esprit, et rien n'est agréable à l'esprit en dehors de l'harmonie [14].

TH. Exactement, puisque, nous venons d'en convenir, se réjouir n'est rien d'autre qu'éprouver l'harmonie.

PH. Donc la félicité consistera dans l'état d'esprit le plus harmonique possible. La nature de l'esprit est de penser [15] ; l'harmonie de l'esprit consistera donc à penser l'harmonie : *et la plus grande harmonie, ou félicité de l'esprit consistera en la concentration de l'harmonie universelle, c'est-à-dire de DIEU, dans l'esprit.*

TH. Praeclarè : eâdem enim operâ probatum est felicitatem mentis et contemplationem Dei idem esse.

PH. Praestiti ergo quod susceperam, *omnem felicitatem harmonicam esse.*

TH. Nunc tempus est conficias, DEUM *amare omnes.*

PH. Factum puta. Si omnis felicitas harmonica est <(per demonstrata)>, et omnis harmonia Deo cognita est <(per definitionem Dei)> et omnis harmoniae sensus delectatio est <(per definitionem *delectationis*)>, consequens est omnem felicitatem Deo gratam esse. Ergo (per definitionem *amoris* paulò ante positam) Deum amare omnes, ac proinde (per definitionem justi praemissam) *Deum esse justum.*

TH. Parunt abest, quin te demonstrasse dicam. Et credo certè neminem etiam eorum qui gratiam universalem negavêre, modò verba, quo tu sensu nihil à communi abhorrente usus es, intellexerint, contra dicturos.

<PH. Quod ex ipsorummet sententia duci posse puto. Cùm enim DEUM electos tantùm amare ajunt, satis innuunt, alios prae aliis amâsse (hoc enim est *eligere*) ac proindre cùm non possent, (per harmoniam rerum universalem, picturam umbris, consonantiam dissonantiis distinguentem) salvari omnes ; aliquos, minùs amatos, non quidem volente, attamen cùm ita rerum natura ferat, permittente DEO (neque enim Deus vult mortem peccatoris) fuisse *rejectos.* Igitur cùm dicitur Deus unum amâsse, alium odisse, sensus est minus amâsse, ac proinde cùm omnes eligi non possent rejecisse. Ut autem enim minus bonum induit aliquando rationem mali, ita in casu concursus duorum amorum, minor amor potest dici induisse odii rationem, etsi minùs propria sit talis locutio. Cur autem Deus unum prae alio amet, non est hujus loci definire.

TH. Imò hin difficultates <potissimum> nascuntur, quibus <vide> ut pari felicitate satisfacias.

PH. Quaenam illae ?>[1].

1. *Au lieu de cette longue incise de la main de Leibniz, il y avait auparavant dans le texte* : sed vide ut pari felicitate difficultatibus satisfacias. PH Quibusnam ?

TH. A merveille : car, du même coup, il est prouvé que félicité de l'esprit et contemplation de Dieu ne font qu'un.

PH. J'ai donc satisfait à la preuve que j'avais assumée : *toute félicité est harmonique.*

TH. C'est maintenant pour vous le moment d'achever votre preuve que *DIEU aime tous les hommes.*

PH. Considérez la chose faite. Si toute félicité est harmonique (on l'a démontré), si toute harmonie est connue de Dieu (par définition de Dieu), si toute conscience d'harmonie est délectation (par définition de *délectation*), il en résulte que toute félicité est agréable à Dieu. Donc (par définition de *amour* posée un peu plus haut) Dieu aime tous les esprits, et par suite (par définition du juste énoncée au début), *Dieu est juste.*

TH. Il s'en faut de peu que je ne dise que vous l'avez démontré. Et je suis convaincu qu'aucun même de ceux qui ont nié l'universalité de la grâce ne s'y opposerait, pourvu qu'il entende les mots dans le sens où, sans répugner en rien à l'acception courante, vous les avez utilisés.

PH. Ce que je crois qu'on peut déduire de leur propre pensée. En effet, quand ils ajoutent que Dieu aime seulement les élus, ils font assez voir qu'Il a aimé les uns plus que les autres (car *élire* est cela) et que, par conséquence, puisque tous ne pouvaient être sauvés [16] (on le montrerait par l'harmonie universelle des choses, par la peinture qui se dégage grâce aux ombres, la consonance grâce aux dissonances [17]), quelques autres, moins aimés, ont été rejetés, non certes que Dieu l'ait voulu (car Dieu ne veut pas la mort de celui qui est destiné à pécher), mais il l'a permis parce que la nature des choses le comporte ainsi. Donc quand on dit : Dieu a aimé l'un, haï l'autre, il faut entendre : il l'a aimé moins, et, par suite, puisque tous ne pouvaient être élus, il l'a rejeté. Or de même, en effet, que « moindre bien » s'est parfois présenté sous le rapport du mal, ainsi peut-on dire, dans le cas du rapprochement de deux amours, que « moindre amour » s'est présenté sous le rapport de la haine, encore qu'une telle locution soit plus impropre. Quant à savoir pourquoi Dieu peut aimer l'un plutôt que l'autre, ce n'est pas le lieu de la préciser.

TH. Non, mais plutôt voyez d'abord à satisfaire avec un égal bonheur aux difficultés qui surgissent à présent.

PH. Quelles sont donc ces difficultés ? [18]

TH. Accipe capitales. Si Deus omnium felicitate delectatur, cur non omnes fecit felices ; si amat omnes, quomodô tam multos damnat; si justus est, quomodò tam se *inaequalem* praebet, ut ex materia *per omnia pari,* ex eodem luto alia vasa ad honorem, alia ad dedecus effingat. Et quomodò non *fautor peccati* est, si sciens [cùm eliminare mundo potuerit] admisit aut toleravit. Imô quomodô non *autor,* si omnia ita creavit, ut inde peccatum sequeretur. Et quod *liberum arbitrium* positâ necessitate peccandi, quae *justitia poenae* libero arbitrio sublato. Quae praemii, si *gratiâ* solâ factum est, ut alii ab aliis distinguerentur. Denique si *ultima ratio rerum Deus est,* quid hominibus, quid diabolis imputamus ?

PH. Obruis me multitudine simul et pondere rerum.

[7r] TH. Ergo | distinctiùs agamus [1]. <Nonne ante omnia concedis, nihil esse sine ratione ?

PH. Hoc ego adeô concedo, ut demonstrari posse putem> nunquam existere quicquam, quin possible sit (saltem omniscio) assignare rationem sufficientem cur sit potiùs quàm non sit, et sic potiùs quàm aliter sit. Hoc qui negat, evertit discrimen inter <ipsum> esse, et non esse. Quicquid existit, utique habebit omnia ad existendum requisita, omnia autem ad existendum requisita simul sumpta sunt *ratio existendi sufficiens* ; ergo quicquid existit, habet rationem <existendi> sufficientem.

TH. Non habeo quod contradicam demonstrationi, imô generis humani opinioni, et quod plus est praxi. Omnes enim homines cùm aliquid sentiunt, praesertim si insolitum sit, quaerunt : *cur,* id est rationem, et vel efficientem, vel si autor sit rationalis, finem. Hinc natum *curae* et *curiositatis* vocabulum, ut *quaerere* à *quis quaeve.* Et redditâ ratione si vacet, aut operae pretium videatur, quaerunt rationem rationis, donec vel Philosophi incidant in rem claram, quae *necessaria,* seu sibi ipsi ratio est, vel vulgus in vulgarem jam tum et familiarem, ubi subsistunt.

1. *Ensuite, dans le texte, venait la phrase suivante, barrée par Leibniz :* Ante omnia concedendum est nihil esse sine ratione, id est nunquam... *En face, dans la marge, de la main de Leibniz, d'une encre appuyée, était écrit, manifestement pour être placé au-dessus de la première phrase du feuillet, en titre particulier :* Fragmentum Dialogi de humana libertate et justitia Dei.

TH. Écoutez les principales. Si Dieu se réjouit de la félicité de tous, pourquoi ne les a-t-il pas rendus tous heureux ? S'il les aime tous, comment en damne-t-il de si nombreux ? S'il est juste, comment se montre-t-il tellement *inéquitable* que, d'une manière *en tout égale,* d'un même limon, il forme des vases destinés les uns à un usage glorieux, les autres à un usage ignominieux[e] ? [19] Et comment n'est-il pas *fauteur du péché,* si, alors qu'il aurait pu l'éliminer du monde il l'a sciemment admis ou toléré ? Bien plus, comment n'en est-il pas l'*auteur,* s'il a tout créé en sorte que le péché en suivrait ? Et qu'en devient-il du *libre-arbitre* si l'on pose la nécessité de pécher, de la *justice de la peine* si l'on supprime le libre arbitre ? De la récompense, s'il a résulté de la grâce seule que les uns aient été distingués des autres ? Enfin, si Dieu est la *raison dernière des choses* [20], qu'imputer aux hommes, aux diables ?

PH. Vous m'accablez à la fois sous le nombre et sous le poids des difficultés.

TH. Eh bien, procédons plus distinctement [21]. Avant tout, n'accordez-vous pas que rien n'a lieu sans raison ?

PH. Je l'accorde [22] si bien que je pense qu'on peut démontrer qu'aucune chose n'existe jamais qu'il ne soit possible (du moins à un esprit omniscient) d'assigner la raison suffisante pourquoi elle est plutôt que de n'être pas, et pourquoi elle est telle plutôt qu'autrement. Celui qui nie cela détruit la distinction entre l'être lui-même et le non-être. La chose, quelle quelle soit, qui existe, aura assurément tous les réquisits pour exister ; or, tous les réquisits pour exister pris ensemble sont la *raison suffisante d'exister* ; donc tout ce qui existe a une raison suffisante d'exister.

TH. Je n'ai rien à redire à cette démonstration, ou plutôt à cette opinion, qui plus est : à cette conduite du genre humain. Car tous les hommes, lorsqu'ils perçoivent quelque chose, surtout si cette chose est insolite, demandent *pourquoi* (cur), c'est-à-dire en cherchent la cause, soit efficiente, soit, si l'auteur est un agent rationnel, finale. De là le mot avoir *cure, curiosité,* comme *quérir,* vient de *quel* ? ou *quelles* ? [24]. Et une fois qu'ils ont rendu raison, s'ils en ont le loisir ou s'il leur semble que l'affaire en vaut la peine, ils cherchent la raison de la raison jusqu'à ce qu'ils tombent, philosophes, sur une cause claire qui soit *nécessaire* c'est-à-dire à soi-même sa raison, chercheurs vulgaires, sur une cause vulgaire et qui leur soit déjà familière, à laquelle ils s'arrêtent.

PH. Ita est <omninô, imò ita necesse esse ;> aliter scientiarum fundamenta convellentur ; ut enim *totum esse majus parte,* Arithmeticae et Geometriae, scientiarum de quantitate <principium est ;> ita *nihil esse sine ratione* <fundamentum est> physicae et moralis, scientiarum de qualitate, vel quod idem est [qualitas enim nihil aliud est quàm agendi patiendique potentia] actione, cogitatione nimirum et motu. Et <tute mihi fateberis> [1] ne minimum quidem facillimumque theorema physicum et morale, nisi assumptâ hac propositione demonstrari posse : existentiam autem Dei ei unice <inixam esse.

TH. Concedis ergo nihil esse sine ratione.

PH. Quid ni concedam tametsi non videam> quorsum tendit operosa propositionis tam clarae confirmatio ?

TH. Attende parumper, videbis plus satis, quàm nodosa inde difficultatum catena nectatur. Ecce enim, Iudas damnatus est.

PH. Quis nescit ?

TH. Nonne ob rationem ?

PH. Noli quaerere, quae me scis dudum concessisse.

TH. Quaenam illa ergo ?

PH. Status <puto> morientis, odium scil. DEI quo flagrans obiit <in quo consistit natura desperationis. Hoc autem damna-
[7v] tioni sufficit>. | Anima enim cùm à mortis momento novis sensibus externis [2], dum corpus reddatur, non pateat, cogitationibus tantùm postremis insistit [3] unde non mutat, sed auget statum mortis ; odium autem Dei, id est felicissimi, sequitur dolor maximus, est enim *odium* dolere felicitate (ut *amare* felicitate amati gaudere) ergo maximè maxima. Dolor maximus est miseria, seu damnatio. Unde *qui odit Deum moriens, damnat seipsum.*

1. *Il y avait d'abord* : audacter dico.

2. *En face, dans les marges, se trouve cette remarque* : Rs. hoc supponitur quidni a. possit percipere conditiones loci, in quo est ? RRs. quomodo nisi per corporis sensus.

3. Rs. et hoc supponitur quidni enim possit simul omnes totius vitae cogitationes intueri ? Sed videtur aliud dici, aliud innui, et postremis cogitationibus applicandum, imô (?) nihil amplius ; sc. dissoluto extenso illo et ista motus ordinatione cessante cessare omnes cogitationes, temperamento scilicet dissoluto nec esse opiniones, sed quot in hoc systemate supposita ? quae haec philosophandi ratio ? RRs. Hoc est cavillari contra manifestam autoris mentem.

PH. Il en est tout à fait ainsi, il faut même qu'il en soit ainsi, autrement les fondements des sciences seraient ébranlés, car, comme *le tout est plus grand que la partie* est le principe de l'Arithmétique et de la Géométrie, sciences de la quantité, de même *rien n'a lieu sans raison* est le fondement de la physique et de la morale[25], sciences de la qualité[26], ou, ce qui revient au même [car la qualité n'est rien d'autre que la puissance d'agir et de pâtir], sciences de l'action, soit, cela va sans dire, de la pensée, et du mouvement. Et vous m'avouerez vous-même[27], que, fût-il le moindre et le plus facile, un théorème de physique et de morale ne peut être démontré qu'en acceptant cette proposition ; et la preuve de l'existence de Dieu s'appuie uniquement sur elle[28].

TH. Vous m'accorderez donc que rien n'a lieu sans raison ?

PH. Comment ne l'accorderais-je pas, encore que je ne voie point à quoi tend la confirmation laborieuse d'une proposition si claire ?

TH. Encore un instant et vous ne verrez que trop combien c'est à cette proposition que s'attache la chaîne embrouillée des difficultés. Car, par exemple, Judas a été damné ?

PH. Qui l'ignore ?

TH. N'est-ce pas avec raison ?

PH. Dispensez-vous de demander ce que, vous le savez, j'ai déjà accordé.

TH. Et c'était ?

PH. Cette raison a été, je pense, la disposition dans laquelle il est mort, à savoir la haine contre Dieu[29], dont il a brûlé en mourant : en cela consiste la nature du désespoir. Cette haine suffit à la damnation. En effet, puisque dès le moment de la mort, tandis qu'elle quitte le corps, l'âme[30] ne s'ouvre plus à de nouvelles sensations externes, elle s'attache seulement à ses dernières pensées[31], elle n'en bouge pas, mais aggrave la disposition qui était la sienne à la mort ; or, de la haine contre Dieu, c'est-à-dire contre l'être doué de la félicité suprême, résulte la plus grande douleur, car la *haine* consiste à souffrir de la félicité de celui que l'on hait (comme *aimer* consiste à se réjouir de la félicité de l'aimé), donc au maximum de la plus haute félicité. La plus grande douleur est la misère, ou damnation[32]. D'où : *celui qui hait Dieu en mourant, se damne lui-même.*

TH. Sed unde in eo odium Dei, seu votum, voluntasve nocendi Deo ?

PH. Unde, nisi ab opinione malevolentiae seu odii Dei erga ipsum. Ita enim admirabili providentiae arcano comparatum est, ut iis demum noceat Deus, quibus serviliter metuitur, seu praesumitur nociturus [1] ; uti contra quisquis se constanter credit electum seu Deo carum, is se (qui Deum constanter amat) facit électum [2].

TH. Cur credidit Deum sibi malevelle ?

PH. Quia se sciebat rebellem, illum credebat Tyrannum ; se lapsum, illum non remissurum ; se noxium, illum crudelem ; se infelicem, illum injustum.

TH. Poteras breviùs dicere fuisse simul et *poenitentem, et desperatum*. Sed unde hic eius animo status ?

PH. Video te sine fine quaesiturum ; poenitentiam habuit, quia conscientiam sui, desperationem, quia ignorantiam Dei : se sciebat peccavisse, illum credebat puniturum esse, sciebat quia mente praeditus à Deo, peccasse se, quia verum erat. Peccarat in prodendo Magistro, quia potuerat volueratque. Quòd potuerat, dedit Deus. Voluerat, quia bonum putarat.

TH. At cur bonum putavit, quod malum erat ? Cur item detecto errore desperavit.

PH. Recurrendum hîc ad causas opinionis, nam et desperatio opinio est. Omnis opinio duas habet causas : temperamentum opinantis, et objecti dispositionem ; aliam praeexistentem opinionem non addo, quia primae opiniones denique in objectum, et <dispositionem animi corporisque> temperamentum, id est statum personae, circumstantias rei resolvuntur ; quare falsae in Iuda opinionis exacta ratio, nisi omni retro statu mentis eius ab

1. *En face, dans les marges, se trouve cette remarque* : Rs. et hoc supponitur, cum ex adverso fere omnes in principio conversionis serviliter metuant Deum, et (?) nociturum sibi saltem temporaliter praesumant, et tn ad perfectam fiduciam amoris hac via perducuntur. RRs. quicunque metuunt DEUM serviliter illi non amant adeoque nondum sunt in statu gratiae. Neque ergo hac via ad salutem ducuntur.

2. *En face, dans les marges, se trouve cette remarque* : Pro Lutheri sola fide nihil aptiùs dici posset, sed optarem hoc philosophicè probari. Vidi enim malae vitae homines constantissimê se electos credentes quos si in tali statu morerentur omnes jure damnatos crederent. RRs. etiam hîc aequivocatio est ; nemo revera DEO carum credere potest, nisi cui Deus carus. Adde quòd non sufficit aliquem se DEO carum credere, nisi se adeò DEO carum credat, quia Deum amat.

TH. Mais d'où lui vient la haine contre Dieu, c'est-à-dire le souhait ou la volonté de nuire à Dieu ?

PH. De rien d'autre sinon qu'il se croit l'objet d'une malveillance ou haine de Dieu à son égard. Car de même qu'il a été établi par l'admirable secret de la providence que Dieu ne puisse nuire qu'à ceux qui le craignent servilement et qui le supposent disposé à leur nuire [33], de même, au contraire, celui qui fermement se croit élu, ou cher à Dieu, celui-là (parce qu'il aime Dieu fermement) se fait élu [34].

TH. Pourquoi le damné a-t-il cru que Dieu lui voulait du mal ?

PH. Parce qu'il se savait rebelle, il croyait Dieu tyran ; lui tombé, Dieu inflexible ; lui coupable, Dieu cruel ; lui malheureux, Dieu injuste.

TH. Vous pouviez dire plus brièvement qu'il a été tout ensemble *pénitent et désespéré* [35]. Mais d'où son esprit a-t-il reçu cette disposition ?

PH. Je vois que vous ne cesserez d'interroger ; il a trouvé en lui la pénitence, parce qu'il a su qui il était, le désespoir parce qu'il n'a pas su qui était Dieu : il savait qu'il avait péché, il croyait que Dieu le punirait, il savait, Dieu l'ayant pourvu d'un esprit, qu'il avait péché, parce que c'était vrai. En trahissant son Maître il avait péché parce qu'il l'avait pu et voulu. Il l'avait pu, Dieu lui ayant donné ce pouvoir. Il l'avait voulu, parce qu'il l'avait jugé bon.

TH. Mais pourquoi a-t-il jugé bon ce qui était mal ? Pourquoi, dans le même ordre de difficulté, ayant découvert son erreur, a-t-il désespéré ?

PH. Il faut ici remonter jusqu'aux causes de son opinion, car la désespérance est aussi une opinion. Toute opinion a deux causes : le tempérament de l'opinant et la façon dont est constitué l'objet de la croyance. Je n'ajoute pas une autre opinion préexistante, parce que les opinions primitives s'expliquent en fin de compte par leur objet et par la disposition de l'âme ou du corps, le tempérament, c'est-à-dire par l'état de la personne et par les circonstances de l'événement ; c'est pourquoi on ne peut rendre la raison exacte de l'opinion fausse en Judas sans être revenu sur tous les états de son âme quand ce ne sont pas les

[8r] objectis immutatae ad primum nascentis | temperamentum usque exposito, reddi non potest.

TH. Hîc te captum teneo. Peccatum à potentia et voluntate. Potentia à Deo, voluntas ab opinione ; opinio à temperamento simul et objecto. Utrumque à Deo, ergo omnia peccati requisita à Deo, ergo peccati ut aliarum rerum omnium, ergo et damnationis ultima ratio Deus est [1]. Vides quid ex illo theoremate sequatur, *nihil est sine ratione.* Nimirum <tute dixisti> omnia, quae sibi ipsi ratio cur sint, non sunt, quale est peccatum quoque et damnatio, ea tamdiu in rationem, et rationem rationis, reducenda esse, donec reducantur in id quod sibi ipsi ratio est, id est Ens à se, seu Deum ; quae ratiocinatio cum demonstratione existentiae Dei coincidit.

PH. Agnosco difficultatem, recolligamque me paulisper, ac respirabo.

TH. Nunc age invenistin' tandem aliquid, amice ? promittis enim porrectiore subito fronte, hilare nescio quid et excitatum.

PH. Ignosce morae non infelici. Nam si unquam ego hodierno certè experimento sensi, si quis ad Deum convertat, vel quod idem est à sensibus avocet, et in se reducat mentem, si sincero affectu conetur ad veritatem ; findi tenebras velut ictu quodam improvisae lucis, mediâque in nocte per densam caliginem viam ostendi.

TH. Haec adepti verba sunt.

PH. Tu quid afferam judex esto. Non possum negare Deum ultimam rationem rerum, ac proinde et <actus> peccati esse.

TH. Si hoc das, omnia dedisti.

PH. Ne festina tantopere : non inquam, non possum negare, quia certum est, sublato Deo tolli, posito poni totam seriem

1. *En face, dans les marges, se trouve cette remarque* : Rs. At inter omnia requisita necessaria ut damnaretur Iudas, si ponatur praevisa a Deo in Iuda libera voluntas vendendi, dominum, quo tempore potuisset non vendere, concurrit quidem ad requisita necessaria permissio Dei, at ultima ratio erit ipsa praevisa voluntas libera sive ipsius proditionis sive negligentiae qua liberè sprevit exercitium mortificationis a Magistro circa principia admissionis praescriptum, unde avaritia non mortificata a magistro reprehensa vindictae sociata proditionem tandem peperit. RRs. Imò voluntatem inter requisita posuit autor, sed voluntatis ipsius requisita quaesivit. Itaque absurdum est voluntatem liberam esse ultimam rationem, cum ipsa voluntas libera sua habeat requisita, neque enim est ens a se.

objets qui l'ont modifiée, jusqu'au tempérament initial au moment de la naissance.

TH. Ici, je vous tiens. Le péché provient d'un pouvoir et d'une volonté. Le pouvoir vient de Dieu, la volonté de l'opinion ; l'opinion, tout ensemble du tempérament et de l'objet l'un et l'autre venus de Dieu ; donc tous les réquisits du péché viennent de Dieu ; donc la raison dernière du péché comme de toutes les autres choses, donc, aussi, de la damnation, c'est Dieu[36]. Vous voyez ce qui s'ensuit de cette proposition : rien n'a lieu sans raison. Vous l'avez dit vous-même, n'est-ce pas ? toutes les choses, telles que le péché ou encore la damnation, qui ne sont pas leur propre raison d'être, doivent être ramenées à une raison, et à la raison de cette raison, jusqu'à ce qu'elles se ramènent enfin à ce qui est sa raison à soi-même, c'est-à-dire l'Être par soi, ou Dieu : ce raisonnement coïncide avec la démonstration de l'existence de Dieu.

PH. Je reconnais la difficulté. Je vais me recueillir un petit moment et reprendre haleine.

TH. Maintenant, allons ! avez-vous enfin trouvé quelque chose mon ami ? Car votre front soudain déridé annonce je ne sais quoi de gai et d'excité.

PH. Pardonnez cette pause, elle n'aura pas été stérile. Car pour moi, si jamais l'expérience d'aujourd'hui m'a fait éprouver une certitude, c'est que si l'on se tourne vers Dieu ou, ce qui revient au même, se détourne des sens et se recueille, si l'on tend à la vérité par un mouvement sincère de l'âme, les ténèbres s'ouvrent comme sous un trait de lumière imprévue, et la voie se présente en pleine nuit, au travers de l'obscurité épaisse[37].

TH. Voilà les paroles d'un homme qui a atteint son but.

PH. Soyez juge de ce que j'apporte. Je ne puis nier que Dieu soit la raison dernière des choses et, par suite, aussi, de l'accomplissement du péché.

TH. Si vous cédez sur ce point, vous avez cédé sur tout.

PH. N'allez pas si vite ! Non, dis-je, je ne puis le nier parce que, c'est certain, si vous supprimez Dieu, la série totale des choses[38] est supprimée, le posez-vous, elle est posée, vous avez les créatures qui ont été ou seront, les actes bons et mauvais de

rerum[1], et has quae fuerunt, eruntve creaturas, hos bonos malosque creaturarum actus, et proinde peccata in illis, et nego tamen peccata à voluntate divinâ proficisci.

TH. Hoc ergo vis, peccata contingere non quia Deus vult, sed quia est.

PH. Rem acu tetigisti. Esse scilicet Deum, etsi rationem, non tamen auctorem peccatorum, et si scholasticè loqui liceret, causam Physicam ultimam peccatorum, <ut creaturarum omnium>, [8v] esse in Deo, moralem in peccante. Hoc volebant | opinor, qui dixêre substantiam actus à Deo, non tamen malitatem esse ; tametsi explicare nequirent, quomodo non actum malitas consequeretur. Rectiùs dixissent, omnia contribuere Deum ad peccatum praeter voluntatem, ac proinde non peccare[2]. Sentio igitur peccata <deberi> non *voluntati,* sed *intellectui* divino, vel quod idem est, ideis illis aeternis, seu naturae rerum, ne quis somniet bina principia rerum, geminosque sibi inimicos Deos, alterum boni, alterum mali principium esse.

TH. Miram rem narras.

PH. Sed faxo ut veram fateare. Exemplum dabo, quo clarior credibiliorque mea reddatur oratio. Quôd ter tria[3] novem sunt, cui obsecro acceptum ferendum putamus, an voluntati divinae ? quòd diameter lateri in quadrato incommensurabilis est, an Deum decrevisse statuemus ?

TH. Non opinor, si sapimus : nam aliter nec novenarius ternariusque, nec quadratum latusve, aut diameter intelligi possunt < nomina enim erunt sine re, quemadmodum si quis diceret Blitiri, aut Vizlipuzli>.

PH. Ergo naturae rerum, ideae scilicet novenarii, vel quadrati, et in quo subsistunt ideae rerum ab aeterno, intellectui

1. *Pour prendre place ici probablement, on a ajouté en marge les remarques suivantes* : Rs. posito Deo poni totam seriem rerum etc., ut sunt in idaea Dei certum est (?), seu ut possibiles ; at ut actu existentes non est certum, cum nondum demonstravit non esse possibiles alias earundem rerum series, multo minus demonstravit non esse possibiles aliarum rerum series. RRs. perinde est ac si diceret, Deum non esse causam sufficientem rerum. possibiles sunt aliarum rerum series in se, sed non sunt compossibiles sapientiae divinae.

2. *Viennent ensuite deux phrases barrées* : Intelligo, sed vide, ut et tu constes tibi. PH. : Dabitur opera sedulo.

3. Rs. aliud est ter tria esse novem, seu ejusdem totius omnes partes simul sumptas, sive ut novem, sive ut ter tria considerentur, esse idem totum, aliud est hoc totum, aliquid in 9 vel 3 tria, vel aliter dictu dividi ; illud videt Deus,

ces créatures, et, par conséquent, en elles, les péchés ; et pourtant je nie que les péchés émanent de la volonté divine.

TH. Vous voulez donc que les péchés adviennent non parce que Dieu le veut, mais parce qu'il est.

PH. Vous avez touché juste. A savoir : Dieu, tout en étant la raison des péchés, n'en est point l'auteur cependant et, s'il était permis de s'exprimer en scolastique, je dirais : la cause physique dernière des péchés, comme de toutes les créatures, est en Dieu, la cause morale dans le pécheur [39]. C'est, à mon avis, ce qu'entendaient ceux qui ont dit que la substance de l'acte existait par Dieu, non pourtant la malignité, encore qu'ils n'aient pu expliquer comment la malignité ne résultait pas de l'acte. Ils eussent dit plus correctement : Dieu fournit toutes les conditions du péché, sauf la volonté, et par conséquent il ne pèche pas [40]. Je pense donc que les péchés sont imputables non à la *volonté* mais à l'*entendement* divin, ou, ce qui revient au même, aux fameuses idées éternelles [41], c'est-à-dire à la nature des choses, afin qu'on n'aille pas imaginer qu'il y a deux principes des choses, des dieux jumeaux ennemis [42], l'un pour le bien, l'autre pour le mal.

TH. Ce que vous contez là est étonnant.

PH. Mais je ferai en sorte que vous reconnaissiez que c'est vrai. Je donnerai un exemple pour rendre mon propos plus clair et plus croyable. Que trois fois trois [43] fassent neuf, à quoi, je vous prie, pensons-nous qu'il faille l'imputer, est-ce à la volonté divine ? Que dans un carré la diagonale soit incommensurable au côté, poserons-nous que Dieu l'a décrété ?

TH. Si nous sommes avisés, je crois que non : car, autrement, nous ne pouvons comprendre ce que signifie novenaire et ternaire, carré, côté, ou diagonale car ces noms seront sans réalité correspondante, comme si l'on disait Blitiri ou Vizlipuzli [44].

PH. C'est donc à la nature des choses, à savoir à l'idée du novenaire et du carré, et à ce en quoi, de toute éternité, subsis-

---

quia est, hoc est quia Deus vult. R.Rs. Non est quaestio hîc de actuali quoddam sed de harmonia abstracta. Sed ex eo postae sequitur quiddam nempe ut unum sit alio melius. Unde quod etiam non est quia deus vult, sed quia deus ita contemplatur, sed hinc denique res existit, quia Deus vult, eam autem vult deus, quia optimam seu maxime harmonicam esse vidit.

divino, haec theoremata tribuenda sunt. Id est Deus haec non volendo fecit, sed intelligendo, intellexit existendo. Nam si nullus esset Deus, omnia essent simpliciter impossibilia, novenariusque et quadratum fortunam communem sequerentur. Vides ergo, esse, quorum Deus non *voluntate* sed *existentia* suâ causa sit.

TH. Video, sed quo colore comprehendi peccata possint, avidus mirabundusque exspecto.

PH. Senties non me huc frustra digressum. Nam quemadmodum non voluntati, sed existentiae Dei debetur, ter tria esse novem, ita eidem imputandum est eam esse rationem trium ad novem, quae quatuor ad duodecim. Omnis enim ratio, proportio, analogia, proportionalitas, non à voluntate sed naturâ DEI, vel quod idem est <ab> ideâ rerum proficiscitur.

TH. Quid tum postea ?

PH. Si ratio vel proportionalitas, ergo et *Harmonia* et *discor-*
[9r] *dantia.* Consistunt enim *in ratione* | *identitatis ad diversitatem,* <est enim harmonia unitas in multis, maxima in plurimis ; et in speciem turbatis et mirabili quâdam ratione ex insperato ad summam concinnitatem reductis> [1].

TH. Nunc demum quo tendas video. Peccata scilicet contingere ita ferente harmoniâ rerum universali <lucem umbris distinguente>, Harmoniam autem universalem non à voluntate Dei, sed intellectu seu ideâ, id naturâ rerum esse[2]. Eidem ergo peccata transcribenda, peccata proinde non voluntatem, sed existentiam Dei sequi.

PH. Divinasti. Ita enim comparatum est cum rebus, ut sublatis peccatis tota rerum series longe alia futura fuerit. Sublatâ vel mutatâ rerum serie, etiam ultima ratio rerum, id est Deus e medio tolletur mutabiturque. Eiusdem enim rationis eiusque

1. *A la place de* < >, *il y avait d'abord* : quae si inaequales dissona, si aequalitate quadam compensatae, harmonica res censenda est, per positam initio definitionem.

2. *En face de cette phrase, en marge, la remarque* : Rs. aliud ex tali virtutum et vitiorum mixtura <posse> componi talem talis universitatis seu totius seriem, aliud est singulas virtutes et singula vitia singulis individuis vel imperare, vel volentibus permittere. Sicut aliud est ex tali consonantiarum et dissonantiarum mixtura posse componi Harmoniam, aliud singulis personis suas consonantias et dissonantias praescribere voluntariè acceptantibus, aliud per instrumenta mechanicè ordinata ita distribuere, ut dato primo impulsu tota series decurrat, ubi nulli instrumento est voluntas, etc. RRs. quasi non ipsa voluntas sit instrumentum non quidem mechanicum admodum regulatum. Tota series rerum si sic optima est, jam singulorum virtutes et vitia in ea continentur.

tent les idées des choses, l'entendement divin, qu'il faut attribuer ces théorèmes. C'est-à-dire : Dieu n'a pas produit ces idées en les voulant mais en les pensant, il les a pensées en existant [45]. Car s'il n'y avait point de Dieu, tout serait simplement impossible, et le novenaire et le carré suivraient le sort commun. Vous voyez donc qu'il y a des choses dont Dieu est la cause non par sa *volonté,* mais du fait de son *existence.*

TH. Je le vois, mais sous quelles couleurs [46] peut se présenter la compréhension des péchés, je l'attend avec avidité et étonnement.

PH. Vous allez éprouver que je n'ai pas fait ici une vaine digression. En effet, de même que trois fois trois font neuf n'est pas dû à la volonté mais à l'existence de Dieu, de même doit-on imputer à la même cause que le rapport de trois à neuf soit celui de quatre à douze. Car tout rapport, proportion, analogie, proportionnalité, dérive non de la volonté, mais de la nature de Dieu, ou, ce qui revient au même, de l'idée des choses.

TH. Alors, que conclure ?

PH. S'il en va ainsi du rapport ou de la proportionnalité, il en va donc ainsi de l'*harmonie* et de la *discordance.* Car elles consistent *dans le rapport de l'identité à la diversité,* l'harmonie est, en effet, l'unité dans la multiplicité ; elle est la plus grande lorsqu'elle est unité du plus grand nombre d'éléments désordonnés en apparence, et ramenés, contre toute attente, par un admirable rapport, à la plus grande concordance [47].

TH. Maintenant seulement, je vois où vous voulez en venir. A ceci : les péchés arrivent par l'harmonie universelle des choses qui le comporte ainsi, qui distingue la lumière par les ténèbres ; or, l'harmonie universelle existe non par la volonté de Dieu, mais par son entendement, par l'idée, c'est-à-dire par la nature des choses [48]. Il faut donc reporter les péchés au compte de l'harmonie universelle, par conséquent les péchés procèdent non de la volonté, mais de l'existence de Dieu.

PH. Vous avez deviné. Oui, l'ordre des choses veut que, supprimés les péchés, la série totale des choses eût été toute différente. Supprimée ou changée la série des choses, la raison dernière des choses aussi, c'est-à-dire Dieu, sera supprimée et changée [48 bis]. En effet, que d'une même raison, et, précisément, d'une raison suffisante et entière telle que Dieu l'est pour l'uni-

sufficientis et integrae, qualis Deus est universo[1], oppositas esse consequentias, seu ex eodem sequi diversum, tam impossibile est quàm idem esse diversum. Nam si eidem addas, subtrahas idem, proveniet idem. Quid autem aliud ratiocinatio quam notionum additio et subtractio est ? Si quis porro resistat, demonstratio in promptu est pertinaciae superandae. Nam Deus esto A, series haec rerum esto B[2]. Jam si Deus est ratio rerum sufficiens, seu ens à se, <et> causa prima, sequetur posito Deo existere hanc rerum seriem, alioquin Deus non esset ratio sufficiens, sed accedere deberet aliquid aliud à Deo independens <requisitum> ad efficiendum ut *haec* rerum series existat. Unde sequerentur plura rerum principia ex sententia Manichaeorum et vel plures essent Dii, vel Deus non esset solus ens à se, et prima causa <quorum utrumque falsum <esse> suppono>. Ergo statuendum est posito Deo sequi hanc seriem rerum, ac proinde veram esse hanc propositionem : *si A est, etiam B erit.* Jam constat ex regulis logicis syllogismi Hypothetici, locum habere conversionem per contrapositionem, et inde inferri posse, *si B non est, nec A erit.* Ergo sequetur sublatâ mutatâve hac serie rerum, quae scilicet peccata comprehendit, tolli mutarive Deum, quod erat
[9v] demonstrandum. | Peccata ergo, tota hac rerum serie comprehensa, ipsis rerum ideis seu existentiae Dei debentur : hac positâ ponuntur, hanc sublatâ tollunt.

TH. Adamantina fateor demonstratio est, nec à quoquam mortalium cum ratione oppugnanda non magis quàm demonstratio existentiae Dei, sed vide an non sequatur < tum *caetera* quoque *omnia* etiam bona, perinde ac peccata *non Voluntati Dei sed naturae* eius seu, quod eodem recidit, harmoniae rerum *esse ascribenda,* tum *peccata esse necessaria.*

1. Universum quodammodo Dei imago, ea non nisi unica. Rs. bene additur quodammodo deinde cum nondum sit demonstratum esse universum Dei imaginem, nihil inde potest inferri.

2. *A ce passage se rapportaient les remarques faites en marge* : Rs. Si Deus nihil est, nisi omnia ad hujus seriei existentiam requisita simul sumpta, procedit argumentum, sed hoc nondum demonstratum ; si verò in idaea Dei sunt et harum rerum series aliae infinitae, et aliarum rerum series, non valet. Unde non sequitur posito Deo poni hanc rerum harum seriem, quia possunt poni aliae nec ideo negatur poni necessario hanc seriem, ac si aliquid aliud a Deo independens requireretur, sed quia potuisset non posita hac serie, aliam posuisse. Unde non est verum si A est etiam B est, sed potest esse C vel D etc. multo minus si B non est neque A erit. imô si distinguimus inter idaeas rerum et res actu extra eas existentes sequitur quidem posito. A poni omnes possibiles rerum series in idaea Dei, at non sequitur, poni necessario potius hanc quam illam seriem in actu

vers[49], résultent des conséquences opposées, c'est-à-dire que de la même cause suivent des effets différents, cela est aussi impossible que pour le même être d'être différent de lui-même. Car si à une même quantité on ajoute, on soustrait la même quantité, on obtiendra la même quantité. Or, qu'est-ce d'autre, le raisonnement, que l'addition et la soustraction des concepts ?[50] Si quelqu'un continuait à résister, la démonstration pour l'emporter sur son entêtement est toute prête. Soit Dieu désigné par A, soit B cette série des choses. Maintenant, si Dieu est la raison suffisante des choses, c'est-à-dire l'être par soi, et la cause première, il s'ensuit que, Dieu étant posé, cette série des choses existe, autrement Dieu n'en serait pas la raison suffisante, et quelque autre réquisit, indépendant de Dieu, devrait s'ajouter pour en arriver à ce que *cette* série des choses existe[51]. Il en résulterait, conformément à l'opinion des Manichéens, plusieurs principes des choses, et : ou bien il y aurait plusieurs Dieux, ou bien Dieu ne serait pas le seul être par soi, hypothèses que je suppose être fausses l'une et l'autre. Force est donc de décréter que, Dieu une fois supposé, cette série-ci des choses s'ensuit, et, de là, qu'est vraie cette proposition : *Si A est, B aussi sera.* Maintenant il appert des règles logiques du syllogisme hypothétique, qu'il y a lieu d'effectuer la conversion, par contraposition et que l'on peut en inférer : *Si B n'est pas, A ne sera pas non plus*[52]. Il s'ensuivra donc que, supprimée ou changée cette série des choses, à savoir celle qui comporte le péché, Dieu sera supprimé ou changé, ce qu'il fallait démontrer. Ainsi les péchés, tous compris dans cette série des choses, sont dûs aux idées elles-mêmes des choses, c'est-à-dire à l'existence de Dieu : en posant cette série on les pose, en les supprimant on la supprime.

TH. La démonstration, je l'avoue, est d'une inflexible rigueur[53] et ne saurait être attaquée avec raison par aucun mortel, non plus que la démonstration de l'existence de Dieu, qui l'accompagne. Mais voyez s'il ne s'ensuit pas, d'une part que *toutes les autres choses* aussi, même bonnes, ne soient, comme les péchés, à rapporter *non à la volonté de Dieu mais à sa nature* ou, ce qui revient au même, à l'harmonie des choses, d'autre part que *les péchés ne soient nécessaires.*

---

extra idaeas, vel ullam poni. RRs. non ponitur series ob Deum positum nisi quia Deus sapientissimus, non nisi optimum vult, omnes series possibiles sunt in idea Dei, sed una tantum sub ratione optimiae.

PH. Occupabo respondere ad *objectionem <priorem>*, ut posterior postea liberiùs deccurrat. Ajo igitur *cur Deus res velit* non voluntatem eius in causa esse (nemo enim vult, quia vult, sed quia rem mereri putat) sed ipsarum rerum naturam, quae scilicet in ipsis earum ideis id est essentiâ Dei continetur. Sed *cur res faciat Deus* eius duas esse causas (ut semper etiam in actionibus aliarum mentium) quod velit scilicet, et quod possit. Peccata autem non sunt ex iis quae Deus aut vult aut facit, quia scilicet ipsa sigillatim seu per se considerata bona non reperit ; sed sunt ex iis, quae Deus in totâ rerum harmoniâ optima à se electâ intercurrere per consequentiam deprehendit, et quia in totâ harmoniae serie eorum existentia majoribus bonis compensatur ; ideò ea tolerat seu admittit etsi, modô absolutè id fieri seu alia melior sine ipsis rerum series eligi posset, esset eliminaturus. Totam autem seriem, non permittere, sed velle dicendus est, et peccata quoque quatenus non ipsa distinctè, sed toti seriei confusa spectantur. Harmonia enim universalis cujus solius existentia sola DEus[1] <absolutè> delectatur, non partium sed totius <seriei> affectio est ; caeteris omnibus praeterquam peccatis DEus delectatur etiam per partes <in se speciales>. Nec tamen ideô magis delectaretur serie universali, si peccata abessent <imô mînus>, quia ipsa harmonia illa totius ex dissonantiis illis interpositis et mira ratione compensatis, reddita est delectabilis[2].

TH. Perplacet institutum tuum, quo sic satis ostendis, DEUM omnium existentium *rationem*, sed non nisi eorum, quae etiam per se spectata bona sunt, *autorem* esse dicendum. Sed vide jam, ut ad *alteram objectionem* redeam an non sequatur> *peccata esse necessaria.* Cùm enim existentia Dei sit necessaria, et peccata existentiam Dei, seu ideas rerum consequantur, necessaria et peccata erunt. Quicquid enim ex necessario sequitur, necessarium est.

1. *Première formulation* : universalis non partium, sed qua sola Deus delectatur. — O. Saame, pense que le *sola*, qu'il supprime, est un reste oublié de cette première rédaction.

2. *Ensuite venaient les mots suivants, barrés* : sed haec infra quoque pluribus attingemus.

PH. Je vais m'employer à répondre à l'*objection première,* pour que la seconde tombe ensuite d'elle-même. Je complète donc ma pensée. *Pourquoi Dieu veut-il les choses* ?[54] Ce n'est pas sa volonté qui est en cause (car personne ne veut parce qu'il veut, mais parce qu'il estime que le but en vaut la peine), mais la nature de ces choses elles-mêmes, entendez celle qui se trouve contenue dans leurs Idées elles-mêmes, c'est-à-dire dans l'essence de Dieu. Mais *pourquoi Dieu produit-il les choses* ? De cela il y a deux causes (comme toujours, aussi, dans les actions des autres esprits), à savoir parce qu'il le veut et parce qu'il le peut. Or les péchés n'entrent point parmi les actions que Dieu veut ou fait, puisque, bien sûr, lorsqu'il les considère un à un, c'est-à-dire par soi, il ne les trouve pas bons ; mais ils entrent parmi les actions dont Dieu découvre qu'elles interviennent comme conséquence dans le tout de la meilleure harmonie qu'il a choisie, et parce que dans la série totale de l'harmonie, leur existence est compensée par de plus grands biens : aussi tolère-t-il, admet-il les péchés encore qu'il les eût éliminés pourvu qu'il eût été possible, absolument, de le faire, c'est-à-dire de choisir une autre série de choses meilleure sans eux. Et il faut dire, non point qu'il permet, mais qu'il veut la série entière, et, du même coup, les péchés en tant qu'on les considère non point eux-mêmes, à part, mais pris dans la série entière. Car l'harmonie universelle, la seule qui par sa seule existence réjouit Dieu[55] absolument, est ce qui advient non aux parties mais à la totalité de la série ; tout le reste, sauf les péchés, ne laisse pas de réjouir Dieu par parties en soi distinctives. Aussi bien, cependant, la série universelle ne le réjouirait-elle pas davantage si les péchés en étaient absents, bien mieux, elle le réjouirait moins, parce que cette harmonie elle-même du tout est rendue délectable, justement par les dissonances interposées en elle et que compense une admirable proportion[56].

TH. Vos principes me conviennent tout à fait. Ainsi, par eux, vous montrez suffisamment que Dieu est la *raison* de toutes les choses existantes, sans qu'on doive l'en dire l'*auteur,* sauf pour celles qui, considérées par soi, répétons-le, sont bonnes. Mais voyez maintenant, pour en revenir à la *deuxième objection,* s'il ne s'ensuit pas que les péchés sont nécessaires. Puisque, en effet, l'existence de Dieu est nécessaire, et que les péchés procèdent de l'existence de Dieu, c'est-à-dire des idées des choses, les péchés aussi seront nécessaires. Car tout ce qui suit du nécessaire est nécessaire.

PH. Eodem argumento collegeris, omnia esse necessaria etiam quod ego loquor, et tu audis, nam haec quoque in rerum serie comprehenduntur, ac proinde contingentiam tolli è naturâ rerum contra usum loquendi, à toto genere humano receptum.

TH. Quid verô si stoicus aliquis fatalitatis patronus hoc tibi concedat ?

PH. Non est concedendum, est enim contra usum vocabulorum, tametsi adhibita explicatione molliri posset, quo sensu etiam Christus dixit, *oportet,* id est necesse est, *scandala evenire.* Scandala autem utique peccata sunt. Nam vae illi, ut sequitur per quem eveniunt. Si ergo scandala necessaria sunt, etiam illud vae, seu damnatio necessaria erit : sed in communi sermone his consequentiis abstinendum. Usum enim vocabulorum in rebus ad vitam pertinentibus detorquere in arbitrio non est, ne dura et auditu scandalosa consequantur, quae homines significationis minus receptae imperitos turbent.

TH. Sed quid objectioni respondebis ?

PH. Quid ? nisi omnem eius difficultatem à detorto vocum significatu oriri. Hinc labyrinthus irremeabilis, hinc fundi nostri calamitas, quod vocabula necessitatis, possibilitatis item et impossibilitatis, voluntatis <autoris> aliaque id genus, omnium gentium linguae universali quodam sophismate in varios sensus detorsêre. Quôd <ne> à me tergiversationis causa dictum putes, evidens signum dabo. Omitte tantum vocabula ista in totâ hac tractatione (credo enim si edicto vetita essent, posse homines
[10r] sensa animi exprimere etiam sine ipsis) | et quoties opus est substitue eorum significata seu definitiones, et quovis pignore tecum certabo, continuo velut exorcismo quodam, ac quasi face illatâ, omnes tenebras disparituras, omnia spectra, et terriculamenta difficultatum tenues in auras abitura. Habes ecce *secretum non vulgare,* formulamque medendi erroribus, abusibus, scandalis, qualem tibi nec Valerius Cordus, nec Zwelferus, nec ullius dispensatorii autor alius praescripserit. Scripsit aliquando Urbanus Regius[1]... *de formulis cautè loquendi.* Huius ergo artis praecepta pene omnia hoc unico artificio contineri scito.

1. *Ici une partie de page déchirée.*

PH. Par le même argument vous concluriez que tout est nécessaire, même ce que je dis, et que vous entendez, car cela aussi est compris dans la série des choses, et, par suite, vous enlèveriez la contingence à la nature des choses, contre la manière de parler reçue de tout le genre humain.

PH. Mais quoi ! si quelque stoïcien défenseur de la fatalité vous l'accordait ?

PH. On ne doit pas l'accorder, car cela est contre l'usage des dénominations, quoique, en y joignant une explication, on puisse infléchir cet usage dans le sens où même le Christ a dit : *il faut,* c'est-à-dire il est nécessaire *que les scandales arrivent*[57]. Or, certainement, les scandales sont des péchés. Car malheur à celui par qui ils arrivent. Donc si les scandales sont nécessaires, ce « malheur à... », c'est-à-dire la damnation, sera nécessaire : mais le langage commun doit éviter de formuler ces conséquences. Car il n'est pas à notre discrétion de détourner l'usage des mots dans les choses qui concernent la vie, afin qu'il n'en résulte pas des conséquences dures et scandaleuses à l'oreille, qui troublent les gens qui ne sont pas familiarisés avec un sens moins usuel.

TH. Mais que répondrez-vous à l'objection ?

PH. Quoi ? sinon que toute sa difficulté naît d'un sens des mots détourné. De là le labyrinthe d'où l'on ne peut sortir, de là le malheur qui frappe notre domaine : parce que les langues de tous les peuples ont, par un sophisme universel, détourné en divers sens les mots nécessité, possibilité et impossibilité, volonté, auteur, et autres de ce genre. N'allez point penser que je dis cela pour tergiverser, je vous en donnerai une marque évidente. Il vous suffit d'omettre ces mots dans toute la présente étude (car je crois que s'ils étaient prohibés par un édit, les hommes pourraient continuer sans eux à en exprimer le sens à l'esprit). Chaque fois que le besoin en est, substituez leurs significations, c'est-à-dire leurs définitions[58], et je vous parie ce que vous voudrez que, par une façon d'exorcisme ininterrompu et comme si l'on apportait un flambeau, toutes les obscurités disparaîtront, tous les spectres et les épouvantails des difficultés se transformeront en légères vapeurs. Voilà vous avez là un *secret non commun,* et, pour remédier aux erreurs, aux abus scandaleux, une ordonnance telle que ni Valerius Cordus[59], ni Zwelfer, ni autre auteur d'aucune pharmacopée[60] ne vous l'aura prescrite. Urbanus Regius[61] a écrit une fois... : *Sur les formules*[62] *pour parler avec circonspection.* Or donc, presque tous les préceptes de cet art se trouvent contenus dans cet unique procédé qui a fait ses preuves.

TH. Tantamne rem tam levi negotio confici posse ?

PH. Me vatem puta. Vocabula saepe sunt quae nos vexant, torquent, mordent, irritant, acerbant. Si dicam tibi : Domine tu sciens damno meo asseris aliquid, quod aliter se haberi nosti ; non opinor valde indignabere, sed facile transmittes dicentis libertatem : sin te mentiri exclamem (quanquam nihil sit aliud mentiri, quam falsum damnosè seu injuste dicere scientem) Deum immortalem, quam tempestatem excitabis ! Ita si quis dicat : peccata necessaria sunt, Deus est causa peccati, Deus vult nonnulorum damnationem ; impossible fuit Judam salvari, etc, utique Acheronta movebit. Tu haec substitue : cum *Deus*[1] sit *ultima ratio rerum,* seu ratio sufficiens universi, rationem autem universi quippe rationalissimam consequatur, quod pulchritudini <summae>, seu harmoniae universali <summae (omnis enim harmonia universalis summa est)> consentaneum est: Harmoniae autem exquisitissimae sit discordantiam turbatissimam in ordinem velut insperatô redigi, picturam umbris distingui, harmoniam per dissonantias dissonantiis in consonantiam compensari (quemadmodum ex duobus numeris imparibus par fit) peccata sibi ipsis (quod notandum est) poenas irrogare[2] consequens est, posito Deo existere[3] peccata, peccatorumque poenas. Sed hoc necessariô, hoc volente, hoc autore Deo fieri, imprudenter, ineptè, falsô, pro dicentis, audientis, intelligentis ratione dicetur.

TH. Patefecisti profectô arcanum mirabile, exeundi tot difficultates, nec est, quod ultra ire cogare. Si tamen possibile est,
[10v] effice retentis vocabulis quod | praestitisti eliminatis.

PH. Praestarem, si in meâ potestate esset, efficere ne homines vocabulis aliter quàm honoris divini, et propriae quietis interest, uterentur.

TH. At tenta tamen.

PH. Tentabo, sed eâ conditione, ut quicquid de <illorum>[4], quibus nos omninò carere posse ostendi explicatione dicam,

1. *Le mot* Deus *est souligné deux fois dans le manuscrit.*

2. *Une variante barrée* : poenas irrogantibus reddi admirabiliorem (per positam initio harmoniae definitionem) consequens...

3. *En face, en marge, se trouvait la remarque suivante* : Rs. posse existere, qui possunt voluntati ejus liberè resistere, et actu resistent, adeoque coacti inobedientiae poenas luent.

4. *Il y avait d'abord* : horum vocabulorum.

TH. Une question aussi grave peut-elle se régler avec un si léger effort ?

PH. Regardez-moi comme un oracle. Il y a souvent des mots qui nous choquent, torturent, mordent, irritent, rendent furieux. Si je vous disais : « Monsieur, en connaissance de cause, vous affirmez à mon détriment une chose que vous savez être autrement », je ne crois pas que vous vous indigneriez fort, mais vous passeriez aisément sur cette liberté de votre interlocuteur ; si je m'écriais que vous mentez (bien que *mentir* ne soit rien d'autre que dire, en connaissance de cause, une fausseté dommageable ou injuste), Dieu immortel, quelle tempête ne soulèverais-je pas ! De même si l'on dit : les péchés sont nécessaires, Dieu est cause du péché, Dieu veut la damnation de plusieurs ; il a été impossible de sauver Judas, et, par conséquent il ira en enfer. Remplacez cette manière de dire par : puisque Dieu[63] est la *raison dernière des choses*, la raison suffisante de l'univers, mais que de la raison à coup sûr suprêmement rationnelle de l'univers s'ensuit ce qui est conforme à la suprême beauté, à l'harmonie universelle suprême (car toute harmonie universelle est suprême), et puisque la discordance chaotique rentre comme par enchantement dans l'ordre de l'harmonie la plus exquise, que la peinture des objets et rendue distincte par les ombres, que l'harmonie due aux dissonances s'équilibre en transformant les dissonances en consonances (comme de deux nombres impairs vient un pair), que les péchés s'infligents[64] à eux-mêmes (ce qui est remarquable) leurs châtiments ; en conséquence, Dieu une fois posé, les péchés et les châtiments des péchés existent[65]. Mais que cela arrive nécessairement, que Dieu le veuille, qu'il en soit l'auteur, sera une manière de dire imprudente, déplacée, fausse, eu égard à celui qui parle, à celui qui écoute, à celui qui comprend.

TH. Vous avez vraiment découvert le secret admirable de sortir de tant de difficultés et il n'y a pas lieu de vous obliger à pousser plus avant. Si pourtant cela est possible, établissez avec les mots que vous retenez ce que vous avez montré avec les mots que vous rejetez.

PH. Je le montrerais, s'il était en mon pouvoir de faire que les hommes ne se servent pas des mots autrement qu'il importe à l'honneur de Dieu et à leur propre repos.

TH. Essayez pourtant.

PH. J'essaierai, mais à la condition que tout ce que je dirai en empruntant des termes[66] que nous sommes bien loin de pou-

quasi re transactâ pro superfluo, minimèque obligatorio aut captioso habeatur.

TH. Accipio conditionem.

PH. *Necessarium* ergo illud vocabo, cuius oppositum implicat contradictionem, seu intelligi clarè non potest ; ita necessarium est ter tria esse novem, sed non est necessarium me loqui, aut peccare [1]. Possum enim intelligi esse *Ego* etsi non intelligar esse *loquens*, sed ter tria intelligi quae non sint novem, est ter tria esse, quae ter tria non sint, quod implicat, idque *numeratio*, id est reductio utriusque termini in definitionem, unitates scilicet, ostendit. *Contingentia* sunt, quae necessaria sunt. *Possibilia* sunt non quae non est necessarium non esse. *Impossibilia* sunt, quae possibilia non sunt, vel breviùs : *possibile* est, quod intelligi potest, id est (ne vox *potest* in possibilis definitione ponatur) quod clarè intelligitur, <attendenti>. *Impossibile,* quod possibile non est. *Necessarium* cuius oppositum impossibile est. *Contingens* cuius oppositum possibile est. *Velle* [2] est existentia alicuius delectari. *Nolle* est existentia alicuius dolere, aut non existentia delectari. *Permittere* est, nec velle, nec nolle, et tamen scire. *Autorem* esse, est voluntate sua esse rationem alienae. His ita positis assere ausim, nullis consequentiarum fidiculis aliquid parum honorificum justitiae divinae extorqueri posse.

TH. Quid ergo respondes illi argumento supra proposito, Dei existentia necessaria est, hanc peccata in rerum serie comprenhensa consequuntur ; quod ex necessario sequitur, necessarium est. Ergo peccata necessaria sunt.

PH. Respondeo [3] falsum esse quod quicquid ex <per se> necessario sequitur <per se> necessarium sit. Ex veris quidem constat sequi non nisi verum : cum tamen ex meris universalibus possit sequi particulare, ut in Darapti, Felapton, quidni ex <per se> necessario <sequatur> contingens <seu ex alterius hypothesi necessarium> ? Sed hoc ex ipsâ necessarii notione confi-

1. *En face de cette phrase, en marge, cette remarque* : Rs. quid juvat mihi non videri necessarium, si revera necessarium est etiam intuitu mei ab objecto et temperamento secundum ideam Dei necessariò determinandi ad peccatum, aliud est necessariô peccare, quia Deus prævidit me liberè electurum peccatum, aliud peccare quia sine electione mea debui peccare. RRs. Aliud est necessarium, aliud certum, uti futura à Deo praevisa. Non determinor necessariò. Utrum autem illa certitudo oriatur ab idea Dei an vero praescientia Dei, quod ad rem facit ? Si libertas cum certitudine pugnat, nihil liberum est, quod absurdum.

2. *En face de cette phrase, en marge, cette remarque* : Rs. ac si actus voluntatis, non possent distingui a perceptione delectationis et doloris. Rs. Rs. si intelligeret naturam voluntatis fateretur ei inesse.

3. *En face de cette phrase, en marge, cette remarque* : Rs. clariùs ita respondebitur distinctiùsque si dicamus communiter necessaria intelligi ex quorum

voir faire connaître par une analyse, soit tenu, en quelque sorte par contrat [67], pour superflu, nullement obligatoire, sophistique.

TH. J'accepte la condition.

PH. J'appellerai donc *nécessaire* ce dont l'opposé implique contradiction, c'est-à-dire ne peut être conçu clairement [68] ; par exemple, il est nécessaire que trois fois trois fassent neuf, mais il n'est pas nécessaire que je parle ou que je péche [69]. Je puis, en effet, concevoir que je suis un *Moi* tout en ne me concevant point *parlant,* mais concevoir un trois fois trois qui ne fasse pas neuf, c'est concevoir un trois fois trois qui ne soit pas trois fois trois, ce qui implique contradiction, et la *numération* le montre, c'est-à-dire la réduction des deux termes à la définition, à savoir leur réduction en unités. Est *contingent* ce qui n'est pas nécessaire Est *possible* ce à quoi il n'est pas nécessaire de ne pas être. Est *impossible* ce qui n'est pas possible, ou, plus brièvement : est *possible* ce qui se peut concevoir, c'est-à-dire (pour ne pas employer le mot *peut* dans la définition du possible) ce qui est conçu clairement par un esprit attentif. Impossible, ce qui n'est pas possible. *Nécessaire,* dont l'opposé est impossible. *Contingent,* dont l'opposé est possible. *Vouloir* [70] est se réjouir de l'existence de quelque chose. *Ne pas vouloir* est souffrir de l'existence de quelque chose, ou se réjouir de sa non-existence. Permettre n'est ni vouloir, ni ne pas vouloir, et cependant savoir [71]. Être l'*auteur,* c'est par sa volonté être la raison d'une autre chose. Ces définitions ainsi posées, j'oserais affirmer que d'aucune torture des conséquences on ne tirera quoi que ce soit de peu honorable à la justice divine.

TH. Que répondez-vous donc à l'argument ci-dessus proposé : l'existence de Dieu est nécessaire ; de cette existence s'ensuivent les péchés compris dans la série des choses ; ce qui suit du nécessaire est nécessaire ; donc les péchés sont nécessaires.

PH. Je réponds [72] : il est faux que tout ce qui suit de l'être par soi nécessaire soit par soi nécessaire. Certes, il est constant que de propositions vraies ne résulte que le vrai ; mais puisque de propositions purement universelles peut suivre une conclusion particulière, comme dans les syllogismes en Darapti, Felapton, pourquoi de l'être par soi nécessaire ne suivrait-il pas du contingent, ou, de l'hypothèse inverse [73], le nécessaire ? Mais j'achèverai

---

essentia sequitur existentia. Et hoc modo solae propositiones hypotheticae sunt necessariae, absolutarum vero haec unica : Deus est, sive ratio rerum est ; et hinc patet quorum existentia ex aliena sequitur necessaria non esse.

ciam. *Necessarium* enim definivi, cuius contrarium intelligi non [11v] potest, rerum ergo necessitas impossibilitasque non extra ipsas | sed in ipsarummet ideis quaerenda est, et intelligine queant, an potius implicent, observandum ; <*necessarium*[1] enim hoc loco à nobis illud appelatur tantùm, quod *per se* necessarium est, quod rationem scilicet existentiae et veritatis suae habet intra se, quales sunt Geometriae veritates ; ex rebus existentibus, DEUS solus, caetera, quae ex hac rerum serie supposita, id est harmonia rerum, sive existentia DEI, sequuntur *per se contingentia,* et hypotheticè tantùm necessaria sunt, tametsi nihil sit fortuitum, cùm omnia fato, id est certâ quadam providentiae ratione decurrant>. Ergo si rei essentia[2] concipi tatùm clarè distinctèque possit [exempli causa *species animalium imparipedum, item brutum immortale*] jam possibilis habenda est, nec contrarium eius necessarium <erit>, tametsi fortasse <existentibus> harmoniae rerum, existentiaeque Dei adversa, ac per consequens nunquam <locum in mundo habitura, sed per accidens impossibilis futura sit.> Quare errant quicunque <absolutè id est per se> impossibile pronuntiant, quicquid nec fuit, nec est, nec erit.

TH. At verô : nonne quicquid erit <absolutè> necessarium erit, quemadmodum quicquid fuit, necèssariô fuit, et quicquid est utique necessariô est ?

PH. Imô falsum est, nisi reduplicativum esse, et ellipsin quandam homnibus, ne idem bis dicatur familiarem continere intelligatur ; sensus enim est, quicquid est, id necessarium est ; *si sit,* esse, seu [substitutâ pro *necessario,* eius definitione] ; quicquid futurum est, id intelligi non potest ; *si futurum sit,* non futurum esse, Si reduplicatio omittatur, falsa propositio est. Nam quod futurum est, tamen intelligi potest non fore. Et quod non fuit tamen intelligi potest fuisse. Hoc ipsum poetae elegantis est, etsi falsa tamen possibilia comminisci[3]. Barclaii Argenis possibilis, seu clarè distinctèque imaginabilis est, etsi certum sit nunquam vixisse, nec credo victuram esse, nisi quis sit in eâ haeresi,

1. *Ce mot barré deux fois dans le manuscrit.*

2. *Barré* : quanquam non existentia (quae in harmoniam <universalem> denique reducitur).

3. *En face de cette phrase, il y a cette remarque barrée* : clariùs dicendum : impossibile est, cujus essentia sibi ipsi incompatibilis est ; *incongruum* sive rejectum (qualia sunt quae nec fuere, nec sunt, nec erunt), cuius essentia est existentiae incompatibilis ; existentiae, id est primo existentium, sive ei, quod per se ipsum existit, sive DEO.

ma démonstration à partir de la notion elle-même du nécessaire. Car j'ai défini le *nécessaire* ce dont le contraire ne peut être conçu ; il faut donc que la nécessité et l'impossibilité des choses ne soient pas cherchées hors de ces choses elles-mêmes, mais dans leurs idées, et examiner si elles se peuvent concevoir ou, plutôt, si elles impliquent contradiction ; en effet, ici nous n'appelons *nécessaire*[74] que le nécessaire *par soi*, à savoir ce qui possède en soi la raison de son existence et de sa vérité, telles que sont les vérités de la géométrie. Des choses existantes ne suit nécessairement que Dieu ; tout le reste qui suit de la série des choses supposée, c'est-à-dire de l'harmonie des choses, ou de l'existence de Dieu, est *par soi contingent* et seulement hypothétiquement nécessaire, encore qu'il n'y ait rien de fortuit, puisque tout découle de la destinée, c'est-à-dire d'une raison déterminée de la providence. Si donc l'essence de la chose[75] se peut concevoir, pourvu que ce soit clairement et distinctement (par exemple *l'espèce des animaux imparipèdes*[76], *de même animal immortel*), il faut alors la considérer comme possible, quoique peut-être contraire aux existants, à l'harmonie des choses, à l'existence de Dieu, et que, par conséquent, elle n'ait pas lieu de se trouver jamais dans le monde, mais qu'elle soit destinée, par accident, à demeurer impossible. Aussi bien se trompent-ils tous ceux qui déclarent impossible absolument, c'est-à-dire par soi, tout ce qui n'a été, n'est, ni ne sera.

TH. Mais quoi ! tout ce qui sera ne sera-t-il pas absolument nécessaire, comme tout ce qui a été a nécessairement été, et, en tout cas, tout ce qui est n'est-il pas nécessairement ?

PH. Au contraire ! cela est faux, sauf s'il est entendu qu'il y a une réduplication[77] et que votre proposition contient une ellipse dont les hommes sont coutumiers pour ne pas dire deux fois la même chose. Car votre proposition signifie : tout ce qui est, il est nécessaire, *s'il est*, qu'il soit, ou [en substituant à *nécessaire* sa définition] tout ce qui sera, on ne peut concevoir, *s'il doit être*, qu'il ne doive pas être. Si l'on omet la réduplication, la proposition est fausse. Car ce qui est destiné à se produire, on peut cependant concevoir qu'il ne se produira pas. Et ce qui ne s'est pas produit, on peut cependant concevoir qu'il s'est produit. C'est même le propre du poète distingué que de forger des imaginations possibles quoique fausses[78]. L'Argenis de Barclay[79] est possible, c'est-à-dire clairement et distinctement imaginable, quoi qu'il soit assuré qu'il n'ait jamais vécu et je ne crois pas qu'il soit appelé à vivre, à moins qu'on ne se trouve

ut sibi persuadeat temporum restantium infinito decursu omnia possibilia aliquando extitura, nec ullam fabulam somniari posse quae non saltem exiguo quodam modulo aliquando in mundo futura sit. Quod etsi concederemus, manet tamen Argenidem non fuisse impossibilem, etsi nondum extiterit. Qui secus sentiunt, necesse est discrimen possibilis et veri, necessarii et contingentis tollant, et detortâ vocabulorum significatione, usui sese generis humani opponant. Ergo peccata damnationesque, caeteraque contingentium series necessaria non est, etsi rem necessariam, existentiam Dei, seu harmoniam rerum, consequatur, neque ergo quicquid nunquam fiet, factumque est, seu cum harmonia rerum
[11r] consistere, intelligi non potest ; simpliciter | intelligi non potest, vel impossible est. Unde constat non esse impossibile <seu non repugnare in terminis> Judam salvari, etsi verum <certum, praevisum, per accidens necessarium seu ex harmonia rerum consequens> sit nunquam salvatum iri.

TH. At obrepsit hic mos omnibus gentibus, linguisque, et universali aequivocatione invaluit, ut quae constat esse, fuisse, fore, vel <non [1], ea> necessaria impossibiliaque appellentur.

PH. Sed hoc ellipsi quadam reduplicationis, in quam cum idem bis dici debet, taedio repetitionum, omnis gens prona est, contingere ostendi.

TH. Ergo hinc fortasse petenda vera et ratio, et solutio est jactati ubique terrarum sophismatis illius ignavi (λόγου ἀργοῦ) quo jam olim Philosophi, et nunc in belli pestive periculis utili rectoribus persuasione, Mahometani conficere ineptè conantur : <frustra resisti>, nihil agendum esse ; fatalia enim non vitari ; negata caelitus nec a laborante, donata etiam ab ignavo obtineri.

PH. Recte ais, nam argumentum hoc tam formidandum, tam in animis validum, putida illa ellipsi hypotheseos causae, vel ipsius existentiae praesuppositae nixum sophisma est. Verum est quicquid futurum est, *verè* futurum esse sed non *necessario* [2]

1. *Au lieu de ce mot, il y avait* : contra.
2. *Ce mot souligné deux fois par Leibniz.*

dans cette hérésie [80] de s'être persuadé que, par le cours infini des temps qui restent à venir, tous les possibles se produiront un jour, et qu'aucune fable ne puisse être rêvée qui, fût-ce dans une faible mesure, ne doive un jour se produire dans le monde. Le concèderions-nous, il reste néanmoins que l'Argenide n'a pas été impossible, encore qu'elle n'ait jamais existé. Ceux qui pensent autrement détruisent, cela est inévitable, la distinction du possible et du vrai, du nécessaire et du contingent, et, ayant faussé le sens des mots, ils s'opposent à l'usage qu'en fait le genre humain. Ainsi péchés, damnations et le reste de la série des choses contingentes ne sont pas nécessaires, bien qu'ils procèdent d'une cause nécessaire, l'existence de Dieu ou l'harmonie des choses ; n'est donc pas nécessaire ce qui jamais aura lieu, a eu lieu ; ou si d'un événement, quel qu'il soit, on ne peut concevoir qu'il se combine à l'harmonie des choses, il ne peut, tout bonnement, être conçu, autrement dit il est impossible. D'où résulte qu'il n'est pas impossible, ou, en termes de l'École, qu'il ne répugne pas, que Judas soit sauvé, bien qu'il soit vrai, certain, prévu, nécessaire par accident, entendez : s'ensuivant de l'harmonie des choses, qu'il ne sera jamais sauvé.

TH. Mais l'usage s'est répandu dans tous les peuples, dans toutes les langues, et s'est affermi par une équivoque universelle, d'appeler nécessaire ce que l'on reconnaît être, avoir été, devoir être, et impossible le contraire [81].

PH. Mais cela par une ellipse de réduplication, à laquelle, je l'ai montré, il arrive que, quand on doit dire deux fois la même chose, tout le monde incline par dégoût des répétitions.

TH. Peut-être faut-il donc, à partir de vos conclusions chercher la raison et la solution véritables du fameux sophisme paresseux (λόγου ἄργοῦ) [82] proclamé en tout lieu sur le globe, auquel s'efforcent de conclure, dans le passé, déjà, les Philosophes, aujourd'hui les Mahométans, par une persuasion profitable à leurs chefs au milieu des périls de la guerre et de la peste : il est vain de résister, il ne faut rien faire, car on n'évite pas ce qui est fatal ; ni celui qui se donne de la peine n'obtient ce que le ciel lui refuse, ni le paresseux ne peut empêcher ce que le ciel lui octroie.

PH. Vous dites vrai : cet argument si à craindre, si puissant dans les esprits est un sophisme appuyé sur cette ellipse qui gâte tout, en escamotant le caractère hypothétique de la cause, ou de l'existence elle-même, que l'on a présupposée. Il est vrai que tout ce qui doit être, sera *vraiment,* mais non pas *nécessai-*

<absoluta necessitate> *seu quicquid agas aut non agas.* Neque enim effectus necessarius nisi ex hypothesi causae.

TH. Ego tam periculosè delirantes ita increpare soleo : stultè si in fatis est ut non vites malum, etiam stultitia fortasse tua fatalis est, ut vitare non cures ; nemini sine mediis finis decretus est, media, industria vel occasiones ; illi soli fidendum, his si occurant tantùm utendum. At, inquis, certum est tamen quicquid deus praevidet, <seu> quicquid futurum est, futurum esse. Fateor sed <non sine mediis[1] et plerumque> non sine facto tuo, rarô enim ingerit se fortuna dormienti ; etiam jura vigilantibus scripta sunt. Cùm ergo non constet tibi pro te, an contra te decretum sit, <ideô> fac quasi pro te, vel age quasi nihil decretum esset, quando quod inexploratum est, sequi agendo non potes. Quare si rem tuam egeris quicquid fato, id est per harmoniam rerum evenerit, nihil tibi apud Deum praejudicabit. Tota de praescientiâ, Fato, praedestinatione, termino vitae disputatio nihil ad vitam instituendam. Omnia perinde agenda sunt, etsi de his nec cogitemus : si quis Deum constanter amabit, ipse se praedestinatum <ab aeterno fuisse> eventu declarabit, *possumus* ergo *praedestinati esse, si velimus* <(et quid ergo ultrà queramus aut flagitemus ?)> quanquam sit gratiae, ut velimus.

PH. Verissime utinam disputatoribus nostris posset per-
[12r] suaderi ! |

TH. Superest quaestio, an Deus peccata velit nolitve. Ac primum non videtur existentiâ peccata nolle. Deus enim nullius existentiâ dolet[2] quia omninô dolere non potest. Ergo nec existentiâ peccatorum. Sed qui rei existentiam non dolet, nec nolle existentem dicendus est. Nihil ergo Deus nolle dicendus est, nisi quod ominô non existit, eius enim non existentia dici potest ei grata esse. Cuius autem non existentiâ delectamur id dicendi sumus nolle, idque per eas ipsas definitiones, quas tute attulisti.

1. *Barré* : vel gratia saepe.

2. *A cette place, en marge, une remarque* : Rs. ac si Deus non posset sine dolore nolle. *Un peu plus bas, il y a, de la main de Leibniz, une autre remarque après « existit »* : Sæpe Nolo idem est quod non volo, ut : Nolo mortem peccatoris.

rement[83], par une nécessité absolue, *c'est-à-dire quoi qu'on fasse ou ne fasse pas*. Car l'effet n'a de nécessité qu'à partir de l'hypothèse de la cause.

TH. Pour moi, voici comment j'ai coutume d'apostropher ceux qui délirent si dangereusement : s'il est écrit que vous n'éviterez pas le mal, ce serait folie que de prétendre l'éviter ; peut-être bien, aussi, votre folie consiste-t-elle à ne pas vous soucier de l'éviter ; pour personne, la fin n'est décrétée sans les moyens, ces moyens étant le zèle ou les occasions ; il ne faut se fier qu'au zèle et, seulement, utiliser les occasions si elles se présentent. Mais, direz-vous, il est cependant assuré que tout ce que Dieu prévoit, c'est-à-dire que tout ce qui doit être, sera. Je l'avoue, mais cela ne sera pas sans moyens[84] et, la plupart du temps, sans qu'il y aille de votre fait, car la fortune s'impose rarement à celui qui dort ; et les lois sont écrites pour ceux qui veillent. Donc, puisqu'il ne vous apparaît pas si ce qui a été décidé est pour vous ou contre vous, en conséquence agissez comme si c'était pour vous, autrement dit agissez comme si rien n'avait été décidé, puisque vous ne pouvez conformer votre action à ce qui est inconnu. C'est pourquoi si vous menez votre affaire, tout ce qui se produira par le destin, c'est-à-dire par l'harmonie des choses, ne vous nuira en rien auprès de Dieu. Toute la discussion sur la prescience, le destin, la prédétermination, le but de la vie n'est rien pour régler notre vie. Presque en tout il nous faut agir, bien que nous ne pensions pas à ces problèmes. Si quelqu'un aime Dieu constamment, il fera voir lui-même clairement par cette circonstance qu'il a été prédestiné de toute éternité, *nous pouvons* donc *être prédestinés, si nous le voulons* (et que chercher ou exiger de plus ?), encore qu'il appartienne à la Grâce que nous le voulions[85].

PH. Rien de plus vrai, fasse que nos disputeurs s'en puissent convaincre !

TH. Reste la question : si Dieu veut ou ne veut pas les péchés. Et d'abord, il ne semble pas que ce soit à cause de leur existence qu'il ne veuille pas les péchés. En effet, Dieu ne souffre à cause d'aucune existence[86], puisqu'il ne peut absolument pas souffrir. Donc il ne peut non plus souffrir à cause de l'existence des péchés. Mais de celui qui ne souffre point de l'existence d'une chose, on ne saurait dire non plus qu'il ne la veuille pas existante. Donc, faut-il dire, ce que Dieu ne veut pas c'est seulement ce qui n'existe pas du tout, car on peut alléguer que la non-existence lui en est agréable. De ce dont la non-existence nous plaît, il faut dire que nous ne le voulons pas et cela par les définitions mêmes que vous avez avancées vous-même.

PH. Rectè concludis : Deus ipsa per se peccata, si existere non intelligantur, nolle ; si ita ferente harmonia rerum, existant, permittere, id est nec velle, nec nolle dicendus est.

TH. Imô verò velle videtur. Nam harmonia rerum Deo grata est, peccatorum existentia est de harmoniâ rerum. Cuius autem existentiâ delectamur id volumus, per definitionem tuam ; ergo peccata Deus velle dicendus est.

PH. Inest deceptio ratiocinationi : etsi harmonia grata sit, non tamen statim quicquid de harmoniâ est, gratum est. Non, si totum gratum est, etiam pars grata est. Etsi integra harmonia grata sit, ipsae tamen dissonantiae gratae non sunt, quamvis ex regulis artis immisceantur. Sed inamoenitas quae in ipsis est, excessu, imô profecto inde augmento amoenitatis in toto aboletur. Fit ergo dissonantia in hac mixtura, ob compensationem, ex ingratâ indifferens, ex rejectâ permissa ; solum totum gratum, solum totum harmonicum, sola totius velut configuratio, harmonia est. Beatitudine salvatorum Deus existente delectatur, amissâ damnatorum non dolet, quia re nullâ dolet, ob sublatum in universali harmonia compensatione dolorem.

TH. Satisfecisti profectô supra spem meam maximae difficultati, ostendistique (quod hactenus vix quisquam) rationis esse ut peccata quae eveniunt, Deus nec velle, nec nolle, sed *permittere* dicatur.

PH. Nihilne restat ergo ?

TH. Pravideo quid de *autore* peccati dicturus sis.

PH. Non Deum scil. : sed hominem, diabolumve esse, qui soli volunt, id est malo delectantur.

TH. Rectè hoc : *id est malo delectantur.* Nam alioquin opponi poterat etiam hominem diabolumve peccata permittere tantùm. Facere eos quicquid rebus suis congruat, intercurrens damnum alienum non nisi ferre, sed hoc de mortaliter peccante dici non potest, in quo odium Dei, id est boni universalis, ergo
[12v] ex contrario, seu peccato delectatio est. Sed quid de | venialiter

PH. Vous concluez bien. Si l'on ne pense pas que les péchés existent eux-mêmes par soi, il faut dire : Dieu ne les veut pas [87]. S'ils existent parce que l'harmonie des choses le comporte ainsi, il faut dire : Dieu les permet, c'est-à-dire ni ne les veut ni ne les veut pas.

TH. Pourtant il semble les vouloir. Car l'harmonie des choses est agréable à Dieu, l'existence des péchés provient de l'harmonie des choses. Or, par votre définition, ce dont l'existence nous plaît, nous le voulons ; donc il faut dire que Dieu veut les péchés.

PH. Il y a là une illusion [88] du raisonnement. Bien que l'harmonie soit agréable, cependant il n'en résulte pas aussitôt que tout ce qui provient de l'harmonie soit agréable. Si le tout est agréable, la partie ne l'est pas aussi. Bien que l'ensemble harmonieux soit agréable, les dissonances ne le sont pourtant pas, encore qu'elles s'immiscent en lui selon les règles de l'art. Mais le désagrément qu'elles comportent est supprimé dans le tout par l'excès [89] ou, plutôt, le progrès, — de là l'augmentation — de l'agrément. En ce mélange, la dissonance devient donc, par compensation, de désagréable indifférente, de condamnée permise ; seul le tout est agréable, seul le tout est harmonique, seule la configuration, pour ainsi dire, du tout est harmonie [90]. Dieu prend plaisir à la béatitude existante des élus, il ne souffre point de la béatitude perdue des damnés, parce qu'il ne souffre d'aucune chose, la souffrance étant annulée par compensation dans l'harmonie universelle.

TH. Vous avez satisfait, bien au delà de mon espérance, à la plus grande difficulté, et vous avez montré (ce que, jusqu'ici, presque personne n'a montré) qu'il est conforme à la raison de dire que Dieu ne veut, ni ne veut pas, mais *permet* les péchés qui adviennent.

PH. Aucune objection ne subsiste-t-elle donc ?

TH. Je devine ce que vous allez dire de l'*auteur du péché.*

PH. Que ce n'est pas Dieu, en effet, mais l'homme ou le diable qui seuls veulent le péché, c'est-à-dire prennent plaisir au mal.

TH. *C'est-à-dire prennent plaisir au mal,* voilà l'expression juste. Car autrement, on pourrait objecter que l'homme aussi, ou le diable, ne fait que permettre les péchés ; qu'ils font tout ce qui leur appartient de faire, qu'ils ne font que supporter un préjudice qui intervient dans leur sort, sans qu'il en soient l'origine. Or cette thèse ne peut s'alléguer au sujet de celui qui

Iapso imprudente potius quàm malo, nonne permittere peccata dicemus ?

PH. Ne hunc quidem, quia *permittere* per definitionem supra positam est nec velle, nec nolle, attamen scire, quod abest ex errore peccanti : vult id quod peccatum est, id est actum ; peccatum ipsum nec vult nec permittit, quia nescit. Breviter : Deus permittit peccata quia scit ea, quae permittit, contra bonum publicum non esse, sed aliter hanc dissonantiam compensari : homo <verô> mortaliter peccans scit id quod agit esse contra bonum publicum, quantum ipse judicare potest, nec *ei conciliari posse nisi poenâ suâ*[1] quam cùm oderit et actum tamen velit, necesse est eum bonum publicum vel regimen mundi odisse <adeôque mortaliter peccat>.

TH. Satisfecisti mihi profectô, voluntatemque Dei à peccatis egregie absoluisti. Nam <ut contraham quae dixisti> si peccamus quia *possumus volumusque*, et potentiae nostrae ratio tum à connatis, tum receptis est, connata à parentibus, recepta ab alimentis, utraque ergo ab externis erunt. Porrô si <volendi>[2] causa intellectio, intellectionis causa sensio[3], sentiendi causa est objectum, objecti status est ab externis ; erit ergo et potentia, et voluntas peccandi ab externis, id est statu rerum praesente, status rerum praesens à praecedente, praecedens ab alio praecedente <et ita porrô>, status ergo praesens à serie rerum, series rerum ab Harmonia universali, Harmonia Universalis ab ipsis illis aeternis immutabilibusque ideis, ideae intellectu divino contentae à se ipsis nullo voluntatis divinae intercursu, neque enim Deus <intelligit, quia vult, sed quia est>[3]. Peccata ergo quia propria harmonia grata non sunt, non nisi ob alienam, id est universalem, non aliter sibi constantem à voluntate divinâ <tantùm> permittentur.

1. *Ce mot souligné deux fois par Leibniz.*

2. *Il y avait d'abord* : voluntatis.

3. *Première formulation :* Porro si voluntatis causa intellectus, intellectus causa est sensus, sentiendi.

4. *Au lieu de cela il y avait d'abord* : est aut intelligit, quia est, quia vult. Sed vult se esse, quia est et intelligit.

péche mortellement, en lui il y a la haine contre Dieu, c'est-à-dire contre le bien universel, ou, *ex contrario,* la délectation au péché. Mais qu'en est-il de celui qui commet une faute vénielle par ignorance plus que par malignité ? ne dirons-nous pas qu'il permet les péchés ?

PH. Pas même dans son cas, parce que *permettre,* selon la définition posée plus haut, c'est ni vouloir, ni ne pas vouloir, mais cependant avoir connaissance, ce qui manque à l'erreur du pécheur[91] : il veut ce qui constitue le péché, c'est-à-dire l'acte ; il ne veut ni ne permet le péché lui-même, parce qu'il n'en a pas connaissance. En bref : Dieu permet les péchés parce qu'il sait que ce qu'il permet ne va pas contre le bien public, mais que cette dissonance est compensée par ailleurs ; quant à l'homme péchant mortellement, il sait, pour autant qu'il puisse en juger, que ce qu'il fait va contre le bien public, et *ne peut lui être concilié que par sa propre punition*[92] ; comme il hait cette punition et que, cependant, il veut l'acte, il est nécessaire qu'il haïsse le bien public et le cours du monde[93], et, par suite, qu'il péche mortellement.

TH. Vous m'avez donné entière satisfaction et vous avez remarquablement absout du péché la volonté de Dieu. Car, pour condenser vos paroles, si nous péchons parce que *nous le pouvons et le voulons,* et si la raison de notre pouvoir résulte de forces soit innées, soit reçues, les innées venant des parents, les reçues des aliments, les unes et les autres auront donc des sources externes. D'autre part, si l'intellection est cause du vouloir[94], le sentiment cause d'intellection[95], l'objet cause du sentiment, — l'état de l'objet a des sources externes. Le pouvoir et la volonté du péché auront donc des sources externes, c'est-à-dire l'état présent des choses. L'état présent des choses résulte de l'état précédent, le précédent d'un autre précédent, et ainsi de suite : donc l'état présent résulte de la série des choses. La série des choses résulte de l'harmonie universelle, l'harmonie universelle des fameuses idées éternelles et immuables elles-mêmes. Les idées contenues dans l'entendement divin ne résultent, par elles-mêmes, d'aucune intervention de la volonté divine, et Dieu ne les intellecte pas, en effet, parce qu'il veut, mais parce qu'il est[96]. Puisque donc les péchés ne sont pas agréables par une harmonie qui leur soit propre, ils seront permis par la volonté divine seulement à cause d'une harmonie qui leur est étrangère, c'est-à-dire de l'harmonie universelle qui ne pourrait se réaliser autrement.

<PH. Quid ergo porrò objicis ?

TH. Non pauca, certè nondum enim omnes difficultates eximus. Nam> [1] quid refert peccata conciliari bonitati divinae, si nequeant libertati nostrae ? quid prodest Deum absolui, si <improbi> [2] cum illo : quo fructu eximemus voluntatem divinam, si extinguimus omnem ? Quae enim obsecro libertas humana est, si ab externis pendemus, si sunt quae nos efficiunt velle, si fatalis quaedam connexio non minus cogitationes nostras quàm atomorum flexus ac concursus regit ?

PH. Ne excandesce quaeso in sententiam parum rectè intellectam, parum dextrè expressam ; <propositum à te ipso est, et> [3] concessum est supra : nihil esse sine ratione sufficiente, erit ergo [13^{r}] ratio | quaedam sufficiens etiam <ipsius> actus volendi, ergo vel actui ipsi inerit, erit ille ergo Ens à se seu Deus, quod est absurdum ; vel ratio eius sufficiens quaerenda est extra ipsum. Ut ergo rationem actus volendi sufficientem inveniamus, definiendum est quid sit velle. Quid est ergo *velle aliquid* ?

TH. Eius existentia delectari, uti tute supra definiisti, sive <reapse> existens sentiamus, sive non existentis existentiam imaginemur.

PH. Delectatio autem est sensus harmoniae, per superiora ; nihil ergo volumus nisi quod harmonicum apparet. Quid autem harmonicum appareat à sentientis et objecti et medii dispositione pendet. Quare etsi sit in potestate nostrâ facere quae volumus, non est tamen in potestate velle quae volumus. Sed quae <grata sentimus sive quae bona [4] esse statuimus>. Statuere autem aliquid vel non statuere non est in potestate, nemo ne si se ruperit quidem volendo nolendove, sine rationibus effecerit, ut quod credit, non credat. Cùm ergo non sit opinio in potestate voluntatis, erit nec voluntas in potestate voluntatis. Et pone nos

1. *Cet ajout remplace les mots barrés* : Et haec recté sane, sed quid refert.
2. *Il y avait d'abord* : nos.
3. *Il y avait d'abord* : demonstratum à te ipso, concessumque supra... est.
4. *Au lieu de* bona, *d'abord* : harmonica.

PH. Que m'objectez-vous donc de plus ?

TH. Beaucoup, car certes nous ne sommes pas encore sortis de toutes les difficultés. Qu'importe, en effet [97], de concilier les péchés avec la bonté divine, s'ils ne peuvent l'être avec notre liberté ? A quoi sert-il d'innocenter Dieu, si les méchants [98] sont innocentés avec lui ? Qu'avons-nous gagné à mettre hors de cause la volonté divine, si nous faisons disparaître toute volonté ? Car, au nom du ciel ! qu'est la liberté humaine, si nous dépendons de causes externes, si ce sont elles qui nous font vouloir, si un enchaînement fatal ne régit pas moins nos pensées que les déviations et les chocs des atomes ? [99].

PH. Ne vous emportez pas, je vous prie, contre une thèse insuffisamment bien comprise, trop maladroitement exprimée ; vous avez proposé vous-même [100], et il a été accordé plus haut, que rien n'a lieu sans raison suffisante ; il y aura donc une raison suffisante aussi de l'acte lui-même de vouloir : ou bien donc elle sera contenue dans l'acte lui-même, par conséquent ce sera l'Être par soi, c'est-à-dire Dieu, ce qui est absurde ; ou bien il faut en chercher la raison suffisante hors de l'acte. Ainsi, pour trouver la raison suffisante de l'acte de vouloir, avons-nous à définir ce que c'est que vouloir. Qu'est-ce donc que *vouloir quelque chose* [101].

TH. Se réjouir de son existence, dans le sens que vous avez vous-même défini plus haut, soit que l'existence de cette chose soit réellement sentie [102], soit que nous imaginions l'existence d'une chose non existante.

PH. Or, par nos définitions antérieures, la délectation est le sentiment de l'harmonie : nous ne voulons donc rien que ce qui apparaît harmonique. Mais ce qui peut apparaître harmonique [103] dépend du sujet sentant, de l'objet, et de la disposition du milieu. C'est pourquoi, bien qu'il soit en notre pouvoir de faire ce que nous voulons, il n'est cependant pas en notre pouvoir de vouloir ce que nous voulons [104], mais ce que nous sentons agréable ou que nous jugeons être bon [105]. Or juger ou ne pas juger bon quelque chose n'est pas en notre pouvoir, personne, pas même en s'y échinant, qu'il le veuille ou non, ne ferait sans raisons que ce qu'il croit, il ne le croie pas. Puisque donc la croyance n'est pas au pouvoir de la volonté, la volonté non plus n'est pas au pouvoir de la volonté. Et mettez que nous voulions parce que nous voulons : pourquoi voulons-nous vouloir ? est-ce,

velle, quia velimus, cur volumus velle ? rursusne ob aliam voluntatem, an ob nihil, id est sine ratione ?

TH. Non habeo quid respondeam rationi tuae, sed nec tu quod objectioni meae, liberum arbitrium nobis ita periisse.

PH. Fateor, si cum nonnullis id definias : potentiam quae potest agere et non agere positis omnibus ad agendum requisitis <omnibusque extra intraque agentem existentibus paribus.> [1]

TH. Quid ? an vitiosa haec definitio est ?

PH. Prorsus [2] nisi explicationem recipiat. Aliquid [hoc loco actionem] non existere existentibus <licet> omnibus suis requisitis, quid aliud est, quàm definitum non existere, existente <licet> definitione, vel idem simul esse, et non esse ? Si quid non existit, requisitum profectò aliquod deesse necesse est <quia nihil aliud est definitio quàm enumeratio requisitorum>.

TH. Emendanda ergo definitio est : *Liberum arbitrium* est potentia agendi, aut non agendi, positis omnibus ad agendum requisitis, scil : externis.

PH. Ergo sensus erit, etsi omnia agendi adminicula sint in promptu, posse me tamen omittere actionem, si scilicet agere nolim. Quo nihil verius, nihil mihi minùs adversum. Etiam Aristoteles *spontaneum* definivit cùm principium agendi in agente est <et *liberum*, spontaneum cum electione ; unde unumquodque eo magis <*suae spontis*> est, quo magis ejus actus ex ejus naturâ fluunt, et quo minus ab externis immutantur ; et eo magis liberum quo magis capax electionis, id est quo plura intelligit pura et quieta mente. Spontaneum à potentia, libertas à scientia.> Sed positâ intra nos opinione bonitatis non velle, positâ voluntate suppetentibusque simul adminiculis externis cognitis non
[13v] agere impossibile est. Nihil ergo alienius quam liberi | arbitrii notionem in nescio quam inauditam absurdamque potentiam agendi, aut non agendi sine ratione transformare velle, qualem

1. *Au lieu de* < >, *il y avait d'abord* : <omnibusque tam intra quam extra volentem existentibus paribus>.

2. *En marge du manuscrit il y avait cette remarque* : Rs. fiat analysis requisitorum quae necessariò concurrunt, ut res sensu destituta moveatur, et requisitorum quae necessario concurrunt ut homo aliquid moveat ; sane ibi positis omnibus materialibus ad motum requisitis necessariò sequitur motus, hîc positis omnibus materialibus ad motum requisitis et intra corpus et extra corpus etiamnum pro mentis arbitrio potest vel non fieri vel aliter fieri motus, ponendo inter materialia corporis etiam phantasmata imaginationis. RRs. concedo de materialibus requisitis, sed ad liberam actionem requiruntur et immaterialia quando (?) quanquam ea quodammodo ad materialium quoque motus requirantur.

derechef, en vertu d'une autre volonté, ou en vertu de rien, c'est-à-dire sans raison ?

TH. Je ne vois que répondre à votre argument, mais vous non plus vous ne répondez rien à mon objection, que le libre-arbitre a été ainsi anéanti pour nous.

PH. Je l'avoue, si, avec plusieurs, vous définissez ce dernier : la puissance qui peut agir ou ne pas agir, tous les réquisits pour agir étant supposés, et toutes choses existantes égales d'ailleurs, hors de l'agent et dans l'agent [106].

TH. Comment ? Cette définition est vicieuse ?

PH. Tout à fait [107], à moins qu'elle ne reçoive un éclaircissement. Que quelque chose — ici l'action — n'existe pas bien que tous ses réquisits existent, qu'est-ce d'autre que, pour un défini, de ne pas exister, bien que sa définition existe, ou pour une même chose, d'être, et de ne pas être en même temps ? Si quelque chose n'existe pas, il est nécessaire qu'un réquisit fasse certainement défaut, puisque la définition n'est rien d'autre que l'énumération des réquisits.

TH. Il faut donc corriger la définition : le *libre-arbitre* est la puissance d'agir ou de ne pas agir, tous les réquisits pour agir, à savoir les réquisits externes, étant posés.

PH. Le sens sera donc : bien que tous les secours pour agir soient à ma disposition, je puis cependant renoncer à l'action, si, en effet, je ne veux pas agir. Rien de plus vrai, rien qui soit moins contraire à ma thèse. Aristote aussi a défini le *spontané* : lorsque le principe d'action est dans l'agent [108], et le *libre* : le spontané avec choix. D'où : un être est d'autant plus spontané que ses actes découlent davantage de sa nature, et d'autant moins qu'ils sont changés par des causes externes ; et il est d'autant plus libre que davantage capable de choix, c'est-à-dire de concevoir un plus grand nombre de fins avec un esprit pur et tranquille [109]. Le spontané vient de la puissance ; la liberté du savoir. Mais, étant admis que nous jugions une chose bonne, il est impossible que nous ne la voulions pas ; étant admis que nous la voulions et qu'en même temps nous connaissions les aides extérieures qui sont à notre disposition, il est impossible que nous ne la fassions pas. Rien donc de plus déplacé que de vouloir transformer la notion libre-arbitre en je ne sais quel pouvoir inouï et absurde d'agir ou de ne pas agir sans raison ; il faudrait être fou pour souhaiter un tel pouvoir. Il suffit, pour sauvegarder

nemo sanus sibi optet. Sufficit ad tuendum liberi arbitrii privilegium ita nos in bivio vitae collocatos esse, ut non nisi quae volumus facere non nisi quae bona credimus velle ; quae autem bona habenda sint amplissimo dato rationis usu indagare[1] possimus : ita minùs habemus cur naturam incusemus, quàm si nobis monstrosam illam potentiam rationalis cuiusdam irrationalitatis dedisset.

TH. At sunt quidam, qui tantam sibi libertatem asserunt ut posse se dicant facere aliquid aut omittere scientes prudentesque sine ullâ ratione *(par caprice)*.

PH. Hoc ego decipere aut decepi audacter dico. Haec ipsa ex caperatae frontis pertinaciâ voluptas <(nunquam voluntas sola)> pro ratione est.

TH. At propone me tibi manu ad gesticulandum parata, nonne absolutè possum vertere huc illuc ?

PH. Potes flectere quôvis.

TH. Quae ergo ratio est, cur nunc ut vides potiùs dextrorsum vertam ?

PH. Ne dubita subesse quasdam rationes subtiles, nam fortè ita tibi primum in mentem venit, quia primum in sensum : fortasse suetior illuc manus, aut molestus nuper in alteram partem, in hanc felix actus, quaeque sunt aliae minutiae circumstantiarum nullo calamo depingendae.

TH. Praedic tu, praedicat Angelus, imô Deus in quam me partem versurus sim, statim in contrariam flectam, asseramque ingratiis Prophetae libertatem meam.

PH. Non ideô liberior eris, ita enim ipsa contradicendi voluptas tibi pro ratione est, quod propheta ille si infallibilis est, etsi tibi non praedicat, si te praedictionis contrarium acturum sciat ; tamen tacitus praevidebit, aut etiam apud tertium, te inscio, vaticinabitur.

1. *Correspondant à cet endroit, des remarques sont inscrites en marge* : Rs. at si ad indagandum etiam requiritur arbitrium ? vel e. frustra laudatur amplissimum rationis donum, vel admittenda utendi eo libertas. Rs. RRs. quasi vero hanc libertatem utendi quisquam neget. Non capio imaginationes quas censor sibi haec legens finxit.

le privilège du libre-arbitre, que nous nous trouvions placés au carrefour de la vie de telle manière que nous ne puissions faire que ce que nous voulons, et que nous ne puissions vouloir que ce que nous croyons bon, mais que, d'autre part, nous puissions, par le plus grand usage possible de la raison, nous enquérir de ce qu'il faut tenir pour bon [110] : ainsi avons-nous moins à nous plaindre de la nature, que si elle nous avait donné ce monstrueux pouvoir de quelque irrationnalité rationnelle.

TH. Il est cependant des hommes qui s'affirment en possession d'une liberté telle qu'ils prétendent pouvoir faire ou ne pas faire une chose, de propos délibéré, sciemment, sans aucune raison *(par caprice).*

PH. Pour ma part, je n'hésite pas à dire qu'ils trompent ou qu'ils se trompent. Le plaisir même à s'entêter, front renfrogné (jamais la volonté seule) leur tient lieu de raison.

TH. Mais supposez que je sois prêt à faire un geste de la main, n'ai-je point le pouvoir absolu de l'orienter dans n'importe quel sens ?

PH. Vous pouvez l'incliner dans le sens que vous voulez.

TH. Quelle raison y a-t-il donc pour que, en cet instant, comme vous voyez, je l'oriente à droite plutôt qu'à gauche ?

PH. Ne doutez pas qu'il y ait là-dessous certaines raisons subtiles : peut-être, en effet, l'impulsion vous en est-elle venue d'abord ainsi à l'esprit parce qu'elle vous est d'abord venue aux sens ; peut-être bien votre main est-elle plus accoutumée à ce côté, ou bien, récemment, le mouvement vous a-t-il été malencontreux dans l'autre direction, heureux dans celui-ci, le détail des circonstances, qu'aucune plume ne saurait dépeindre, est chaque fois différent.

TH. Que, vous, vous prévoyiez [111], qu'un Ange, ou, disons mieux, que Dieu prévoie de quel côté je tournerai la main, aussitôt je l'inclinerai en sens contraire, et, en dépit du prophète, j'affirmerai ma liberté.

PH. Vous n'en serez pas plus libre, car ainsi le plaisir lui-même de contredire vous tient lieu de raison ; ce que vous faites ainsi, ce prophète, s'il est infaillible, encore qu'il ne vous l'annonce pas à l'avance, néanmoins, pourvu qu'il sache que vous ferez le contraire de ce qu'il vous prédit, le prévoira tacitement [112], ou même, sans que vous le sachiez, il l'annoncera à une tierce personne.

<TH. Ergone mihi ipsi verum praedicere non potest ? Sed quidni possit[1], si veritatem praenovit : quivis enim quod scit dicere potest, audiente quovis. At ipso dicente contrarium faciam, ergo non praenovit quid facturus essem, quod est contra hypothesin. Ergo aut praescientia aut libertas tolletur.

PH. Subtilis haec argutatio[2] est, sed quà illud tantum concludit, mentem quae eius sit naturae, ut[3] velit possitque contrarium facere vel velle, eius quod praedici possit à quocumque ex eorum esse numero quae sunt incompatibilia Existentiae Entis omniscii seu harmoniae rerum, adeoque nec fuêre nec sunt nec erunt.>

TH. Sed quid dices ad vulgatum illud *video meliora proboque, deteriora sequor.*

PH. Quid ? nisi si parum rectè intelligatur absurdum esse. Medea, cujus apud Ovidium haec verba sunt, hoc sibi vult, videre se injustitiam facti, cum liberos ipsa suos trucidat ; sed tamen voluptatem ex vindictâ velut magis bonum, quam scelus malum est, praevalere ; vel paucis peccare se contra conscientiam. Melius ergo ac deterius in illo versu usurpatur pro justo et turpi[4] ; non
[14r] ergo hinc probari poterit, eligi unquam | quod deterius esse in summa, eligens opinetur. Qui contra sentit, omnia rei moralis principia evertit, et ne dicere quidem potest, qui sit velle.

TH. Propè persuades.

PH. O ergo stultos nos, qui spretis naturae Deique privilegiis, chimaeras quasdam imperceptibiles postulamus, nec rationis usu contenti, vera radice libertatis ; nisi potestas brutalitatis fiat, satis nos liberos esse non putamus, quasi non summa libertas sit, et intellectu suo et voluntate perfectissimè uti, ac proinde à rebus ad agnoscenda, intellectum ; ab intellectu ad amplectenda vera bona, voluntatem cogi ; veritati irresistibilem esse, puros recipere radios objectorum, et irrefractos, nec affectuum nube decoloratos. Qui si absint tam nobis impossibile est cogitando errare, volendo peccare, quàm attento animo, apertis oculis, nullo vitio depravatis objectum coloratum justae magnitudinis distan-

1. *Ensuite, barré* : At si verum est, fore quod dicit quidni possit. At ego id mox potero ostendere falsum. PH. : si infallibilis est et tibi praedicet, erit etiam satis potens ad mutuandam tuam contradicendi voluntatem. Sed sic non erit infallibilis.

2. *Ici, probablement, une faute de Leibniz.*

3. *Barré* : semper.

4. ? *Dans le coin de la page, le texte est difficile à déchiffrer : on a fini par lire* non *devant* ergo.

TH. Est-ce donc qu'il ne peut me prédire le vrai à moi-même ? Mais pourquoi ne pourrait-il pas [113], s'il connaît à l'avance la vérité ? car n'importe qui peut dire ce qu'il sait à n'importe quel auditeur. Or, que je fasse le contraire de ce qu'il annonce lui-même, ce sera donc qu'il n'a pas connu à l'avance ce que je ferais, ce qui va contre l'hypothèse. Ainsi ou la prescience ou la liberté est supprimée.

PH. Cette chicanerie [114] est subtile, mais, de toute manière, elle n'aboutit qu'à ceci : l'âme qui serait de cette nature, qu'elle veuille et qu'elle puisse [115] faire ou vouloir le contraire de ce qui pourrait être prévu par quiconque, est au nombre des entités qui sont incompatibles avec l'existence de l'Être omniscient, c'est-à-dire avec l'harmonie des choses, et qui, par suite, n'ont pas existé, n'existent pas, n'existeront pas.

PH. Mais que direz-vous de ce fameux dicton partout répandu : *video meliora proboque deteriora sequor* ? [116]

PH. Quoi ? rien, sinon que, s'il est suffisamment compris, il est absurde. Médée, de qui, chez Ovide, sont ces paroles, veut dire : elle voit l'injustice du fait, lorsqu'elle tue elle-même ses propres enfants ; mais pourtant, le plaisir de la vengeance prévaut comme s'il était un plus grand bien, que le crime n'est un mal ; en peu de mots, elle péche contre sa conscience. Donc « meilleur » et « pire », dans ce vers, sont employés pour « juste » et « honteux » [117] ; de là, donc, on ne pourra prouver que le pire se trouve quelquefois choisi parce que celui qui le choisit s'imagine que c'est ce qu'il a de mieux. Celui qui éprouve le contraire, renverse tous les principes de la morale et ne peut même pas dire ce que c'est que vouloir.

TH. Vous me persuadez presque.

PH. O que nous sommes donc vains, nous qui demandons à ce qu'il y a de méprisé dans la nature et aux privilèges divins, des chimères inobservables et qui ne nous contentons pas de l'usage de la raison, vraie racine de la liberté ; sans l'intervention d'un pouvoir irrationnel, nous ne nous jugeons pas assez libres, comme si la suprême liberté n'était pas de se servir au mieux de son entendement et de sa volonté, et, par conséquent, de contraindre par les choses l'entendement à reconnaître, par l'entendement la volonté à embrasser les vrais biens ; de ne pas résister à la vérité, de recevoir de ses objets les rayons purs, ni réfractés, ni décolorés par le nuage des passions. En l'absence de ces passions, il nous est aussi impossible de nous tromper en pen-

tiaeque in medio perspicuo illustrato non videre. Certè Dei libertas summa est, etsi errare in delectu optimorum non possit, et Angelorum felicium aucta, cùm labiles esse desiêre. Libertas ergo à rationis usu est, quae prout pura infectave est : aut recti incedimus regiâ officiorum viâ, aut per avia titubamus.

TH. Ergo peccatum omne ab errore.

PH. Fateor.

TH. Ergo peccatum omne excusandum.

PH. Minimè, nam in mediis tenebris illabente, quâdam velut per rimas luce, evadendi ratio in potestate est, modô uti velimus.

TH. Sed cur alii volunt uti, alii non volunt ?

PH. Quia non volentibus ne in mentem quidem venit, se uti cum fructu posse, aut ita in animo est, quasi non esset, id est absque *reflexione* <sive Attentione> ut videntes non videant, audientes non audiant. In quo sita initia sunt *negatae grâtiae* <ac> velut scriptura sacra appellat indurationis. Quotusquisque nostrum non millies audivit illud[1] *: dic cur hîc* seu *respice finem* <sive *vide quid agas*> ; et tamen certum est <unâ> solâ sententiâ <eiusmodi> rectè perceptâ, et quibusdam velut legibus poenisque severè sancitis constanter praefixâ, hominem unumquemque velut oculi quodam ictu, *momentanea metamorphosi*[2], fore infallibilem et prudentem, et beatum, supra omnia paradoxa sapientis stoicorum.

TH. Nonne ergo omnes mali denique sunt in ultimâ resolutione censendi infelices, quia observantem sibi tam facilem expeditamque felicitatis viam non animadvertêre.

PH. Fateor.

1. *A partir d'ici, en face de chacune des trois phrases du manuscrit, il y a, en marge, le signe* : Nota bene.

2. *C'est sans doute à cet endroit que se rapportent les mots en marge* : Rs. Scriptu dictuque facilia, sed quomodò cum systemate concilianda ? RRs. signum est censorem hoc systema non benè percipere.

sant, de pécher en voulant, qu'à un esprit attentif, à des yeux ouverts qu'aucun défaut ne malforme, de ne pas voir, dans un milieu transparent éclairé, un objet coloré sous sa juste grandeur, à sa juste distance. La liberté de Dieu est suprême incontestablement, bien qu'il ne puisse se tromper dans le choix des meilleurs et celle des Anges bienheureux est accrue, lorsqu'ils ont cessé d'être faillibles. La liberté résulte donc de l'usage de la raison ; selon que celle-ci est pure ou infectée, nous avancerons bien droits, dans la voie royale des devoirs, ou nous tituberons dans des chemins impraticables.

TH. Ainsi tout péché vient de l'erreur ?

PH. Je l'avoue.

TH. Donc il faut excuser tout péché.

PH. Pas le moins du monde, car, une lumière glissant comme par une fente au milieu des ténèbres, le moyen de nous tirer d'affaire est en notre pouvoir, pourvu que nous voulions en user [118].

TH. Mais pourquoi les uns veulent-ils en user, les autres pas ?

PH. Parce que à ceux qui ne le veulent pas il ne vient même pas à l'esprit qu'ils pourraient en user avec profit ; ou alors cette idée se trouve de telle manière dans leur esprit que c'est comme si elle n'y était point, c'est-à-dire sans *réflexion* ou attention [119], si bien que voyant ils ne voient pas, entendant ils n'entendent pas. Là se trouve l'origine du *refus de la Grâce* ou, pour parler avec l'Écriture, l'origine de l'endurcissement. Combien peu d'entre nous n'ont pas mille fois entendu ce fameux avertissement [120] *: Dis pourquoi tu agis actuellement* ou *considère la fin,* ou *regarde ce que tu fais* [121] ; et pourtant, il est sûr que par une seule, une unique formule de ce genre bien entendue, fermement maintenue devant l'esprit par la représentation de certaines lois et peines sévèrement prescrites, chaque homme, en un clin d'œil, *par une métamorphose instantanée* [122], deviendrait infaillible, avisé, heureux, au-delà de ce que promettent tous les paradoxes du sage selon les stoïciens.

TH. Enfin, en dernière analyse, ne faut-il pas mettre au nombre des malheureux tous les méchants, parce qu'ils n'ont pas tourné leur attention vers une voie de bonheur qui se montre à eux si facile et si avantageuse ?

PH. D'accord !

TH. Et miserandi.

PH. Non possum negare.

TH. Et malitiam infortunio debentes.

PH. Manifestum est enim ultima ratio voluntatis extra volentem. Et demonstratum est in seriem rerum, seu harmoniam
[14v] universalem | haec denique omnia refundi.

TH. Et similes insanis.

PH. Propè verùm, sed non omninô. Insani recolligere sese et cogitare illud : *dic cur hîc*, quo omnis prudentia continetur, ac si in mentem veniat, insistere ei, ne si velint quidem possunt, non magis quàm ebrii aut somniantes. At stulti, errantes, malitiosi utuntur sanè, sed non ad summam rerum ; deliberant sed de quovis potius quàm felicitate. Insanos morbus et materia quaedam nervis spiritibusque inimica, et quaedam velut insomnia turbant. Stultis malisque rationem ratio alia pervertit, minor majorem certa quaedam temperamento, educatione, usu inolita universalem <nec dubium[1] malos tam stultos apparere angelis, quàm stulti nobis>.

TH. Ergo similes saltem <erunt> quarta ut ajunt luna natis, male educatis, seductis conversatione, conjugio perditis, adversitate efferatis, qui se negare non possunt sceleratos, habent tamen cur sive de fortuna, sive de hominibus desperatae vitae occasione querantur.

PH. Ita est omninô, imô ita necesse est esse, nemo ipse se volens malum fecit, alioquin antequam fieret esset.

TH. At verô nunc animis opus est, nunc pectore firmo, ventum ad supremum est, venimus ad fastigium difficultatis nec sentientes ; si te hîc fortuna non deseret, in perpetuum vicisti. Nam objicit se nobis indeclinabilis illa, et quicquid etiam cavillemur. Justa species querimoniae damnatorum, ita natos esse, ita in mundum missos, in tempora, in homines, in occasiones

1. Après dubium, *il y avait* tamen.

TH. Et ne sont-ils pas à plaindre ?

PH. Je ne puis le nier.

TH. Et ne doivent-ils pas leur malignité à la malchance ?

PH. Il est, en effet, manifeste que la raison dernière de la volonté est hors de celui qui veut. Et il est démontré qu'en fin de compte tout remonte à la série des choses, ou harmonie universelle.

TH. Et les mêmes arguments valent pour les insensés ?

PH. Presque, mais pas tout à fait. Se ressaisir et penser ce conseil : *Dis pourquoi tu agis actuellement*, où toute la prudence est contenue, et, s'il leur vient en esprit, s'y attacher, les insensés, le voulussent-ils, ne le peuvent même pas davantage que les hommes ivres ou des rêveurs. Les fous, les divaguants, les malicieux usent sainement de leur raison, mais non en vue de la première des choses : ils délibèrent de n'importe quoi plutôt que de la félicité. La maladie, une matière pernicieuse aux nerfs et aux esprits animaux, une manière d'insomnie troublent les insensés. Chez les fous et les méchants une autre raison pervertit la raison, une moindre raison, une raison particulière qui prend racine dans le tempérament, l'éducation, l'habitude, pervertit la plus haute, l'universelle, et il n'est pas douteux [123] qu'aux anges les méchants ne paraissent aussi fous qu'à nous les fous [124].

TH. Ils seront donc, pour le moins, semblables à ceux qui, comme on dit, sont nés le quatrième jour après la nouvelle lune [125], à ceux qu'on a mal élevés, à ceux qu'a corrompus une mauvaise fréquentation, à ceux qu'un mariage a déchus, à ceux que l'adversité a rendus sauvages ; ils ne peuvent nier qu'ils sont infâmes, ils ont cependant de quoi se plaindre soit de la fortune, soit des hommes au sujet de leur vie désespérée.

PH. C'est tout à fait cela, bien plus ! il est nécessaire qu'il en soit ainsi, personne ne se fait lui-même volontairement méchant, sinon il le serait avant de s'être fait tel.

TH. Oui, mais en revanche nous avons besoin maintenant de tous nos esprits, maintenant nous avons besoin d'une pensée ferme, nous voici à l'heure décisive [126] ; nous sommes arrivés, et sans nous en apercevoir, au faîte de la difficulté : si la fortune ne vous abandonne pas ici, vous avez vaincu à jamais. Car voici la difficulté inflexible qui se dresse devant nous, quelque chicanerie que nous tentions encore : la juste espèce de réclamation qu'élèvent les damnés en disant qu'ils sont nés, ont été jetés dans le monde, se sont trouvés en des temps, avec des hommes,

incidisse, ut non potuerint non perire ; occupatam praematurè vitiosis cogitationibus mentem, fuisse quae foverent malum, quae stimularent, defuisse quae liberarent quae retinerent, velut conspirantibus in miserorum interitum fatis. Si qua monita salubria intervenerint, attentionem eos atque illam ipsam *reflexionem,* sapientiae animam, illud *dic cur hîc,* illud *respice finem,* maximum *gratiae* donum, quo solo rectè percepto evigilamus, destituisse ; quam iniquum illud, in communi somno aliquos excitari, caeteros mactationi relinqui ! Si necesse erat tot creaturas perire, si non aliter constabat ratio mundi, at sorte fuisse ducendos infelices.

<PH. Ita factum est, quoque idem enim est fato aliquid seu sorte et ob harmoniam universalem contingere.

TH. Ne interpella quaeso dum omnia audias.> Quam crudelè <enim> miseriam, qui fecerit, immotum intueri, patrem, qui malè genuerit, qui pessimè educaverit, puniendum ipsummet etiam punire velle ! Maledicent naturae rerum, ut perderet
[15r] foecundae | Deo aliorum miseria felici, sibi quôd extingui non possint, seriei universi, quae se quoque implicuit, denique ipsi illi aeternae immutabilique possibilitati Idearum, primae scaturigini malorum suorum ; harmoniae universalis et in eâ existentiae rerum determinatrici, ac proinde in non alium ex tot possibilibus statum universi erumpenti quàm quâ ipsorum miseria, ut aliorum felicitas scilicet conspectior esset, contineretur.

PH. Satis tragicè, non aeque justè : quod tibi tum signis quibusdam, tum certa ratione luculenter, Deo cuius interest, vires animumque ministrante, demonstrabo. Quam vana ergo querela sit, vel hinc aestimes, quod jactari potest à damnato, non à damnando, etsi ea omnia quae damnatus sciet, jam tum praenosset. Potestne obsecro ipsum per se tempus, si nihil aliud immutetur, ex injusto facere justum ? Non opinor, neque

en des occasions, dans des conditions telles qu'ils n'ont pas pu ne pas succomber ; qu'ils ont eu l'esprit occupé prématurément par des pensées vicieuses, que les circonstances qui se sont présentées favorisaient le mal, le stimulaient, qu'ont manqué celles qui les auraient délivrés, retenus, comme si la fatalité conspirait à la perte des malheureux. Si du côté où les avertissements salutaires sont intervenus, l'attention et la réflexion elle-même, âme de la sagesse, ont trahi ces réprouvés, écarté ces : *Dis pourquoi tu agis actuellement, Considère la fin,* don suprême de la Grâce auquel nous nous appliquons seulement s'il est bien perçu. Comme il est injuste que dans le sommeil commun certains soient alertés, les autres livrés au sacrifice ! [127] S'il était nécessaire que tant de créatures périssent, si autrement la raison du monde ne subsistait pas, du moins eût-il fallu tirer au sort les malheureux !

PH. Ainsi en a-t-il été, car il revient au même qu'une chose arrive par quelque destin ou sort et à cause de l'harmonie universelle.

TH. Ne m'interrompez pas, je vous prie, jusqu'à ce que vous ayez tout entendu. En effet, qui contemplerait, impassible, cette cruauté pitoyable, un père qui malforme ses enfants, qui leur donne la pire éducation, et voudrait encore les punir, lui qui serait à punir lui-même ! Les damnés maudiront la nature des choses féconde en corruptions, Dieu dont la félicité s'arrange de la misère des autres parce qu'il ne peut la faire disparaître, la série de l'univers, qui les a impliqués eux aussi, enfin la possibilité elle-même, éternelle et immuable, des Idées, première source de leurs maux, de l'harmonie universelle, et en celle-ci la déterminatrice de l'existence des choses, faisant juste sortir de tant de possibles précisément l'état de l'univers qui a comporté leur misère, pour que la félicité des autres en fût, bien sûr, plus remarquable [128].

PH. Voilà qui fait assez tragique, mais n'a pas autant de justesse : si Dieu, dont l'intérêt est en jeu, m'en fournit, les forces et l'esprit, je vous le démontrerai à merveille, soit par certaines inductions, soit par un raisonnement assuré. Combien vaine serait donc cette plainte, vous en jugerez du fait même qu'elle peut être proférée par le damné, non par le damnable, bien que, tout ce que saura le damné, le damnable en soit dès maintenant prévenu. Je vous prie, le temps peut-il par lui-même, si rien d'autre ne change, transformer en juste ce qui est injuste ?

enim temporis, sed rerum in tempore decurrentium efficacia est. Ergo <si> injusta damnandi, eadem omnia scientis, querela est, erit et damnati. Propone igitur tibi hominem damnandum, fac eius oculis animoque quantus horrore ac profunditate est, infernum exhiberi, adde ipsimet monstrari angulum illum, aeternis eius, si sic agat, tormentis destinatum. Poteritne queri vivus vidensque de Deo, aut natura rerum, damnationis suae causis ?

TH. Non poterit tunc quidem, quia statim responderi ei potest, posse eum si velit, non damnari.

PH. Hoc[1] volebam scil <icet>. Ponamus igitur, eundem nihilominus pergere et (ex hypothesi) damnari, poteritne tunc ullo juris colore recurrere ad easdem querelas jam tum explosas, poteritne miseriam suam alteri imputare quàm voluntati suae ?

TH. Vicisti potius quàm satisfecisti.

PH. Faxo ut re clarè perceptâ, etiam satisfactum tibi fateare.

TH. Fateor ; omnia imputabit voluntati suae, sed voluntatem suam fortunae, id est DEO, vel saltem, ut tu vis, naturae rerum.

PH. Praedixi tibi, contrarium implicare contradictionem, neminem <se> volentem facere malum, alioquin esset malus antequam fieret. Neminem esse causam voluntariam voluntatis suae, nam quod quis vult velle, jam vult, quemadmodum <ut Regula juris ait, qui potest facere ut possit jam potest>[2]. Si haec ergo excusatio recipienda est, tollenda est poena de naturâ rerum ; nemo malus erit, nemo puniendus, nemo inexcusatus.

TH. Quid ergo ?

PH. Quid ? nisi in omnibus judiciis ad poenam infligendam, cognitam pessimam, deliberatamque voluntatem, undecunque
[15v] profectam, | sufficere censeri. Quae ergo haec Censorum Justitiae Divinae stultitia est, in poenâ defendendâ ultrà voluntatem compertam scelerati, id est in infinitum ire velle ?

1. *Ici, en marge, une remarque* : Rs. at hoc ex positâ serie rerum ipsi non licet. RRs. Dico posse si velit. A non volet ; ita est tam ex meâ quam communi opinione, ubique enim Deus praevidit quod non volet.

2. *Auparavant, il y avait, au lieu de ce texte* : quemadmodum (qui potest facere 174 de Reg. Jur.) Quod quis potest posse, jam potest ; quin etiam idem est velle posse et posse velle.

Non, je pense, car l'efficacité n'appartient pas au temps, mais aux choses qui s'écoulent dans le temps [129]. Donc si la plainte du damnable, qui sait toutes les mêmes choses que sait le damné, est injuste, la plainte du damné le sera aussi. Eh bien, représentez-vous un homme damnable, faites paraître à ses yeux et à son esprit l'enfer dans toute son horreur et dans toute sa profondeur, ajoutez que lui soit montré le coin destiné à ses tourments éternels s'il agit de telle manière. Pourra-t-il, de son vivant et ce spectacle sous les yeux [130], se plaindre de Dieu ou de la nature des choses, causes de sa damnation ?

TH. Non, à la vérité, il n'en aura pas alors le droit, parce qu'on peut aussitôt lui répondre qu'il peut ne pas être damné, s'il le veut.

PH. Voilà, bien entendu [131], ce que je voulais. Alors, posons que ce même homme persiste néanmoins et que (par hypothèse) il soit damné, pourra-t-il alors, avec quelque apparence de droit, reprendre les réclamations que nous venons de rejeter ? pourra-t-il imputer son malheur à autre chose qu'à sa propre volonté ? [132].

TH. Vous m'avez vaincu plus que satisfait.

PH. Je ferai en sorte que, l'affaire clairement saisie, vous vous avouiez, aussi, satisfait.

TH. J'avoue que le damnable imputera tout à sa volonté, mais sa volonté au destin, c'est-à-dire à Dieu, ou du moins, comme vous voulez, à la nature des choses.

PH. Je vous ai dit plus haut que, le contraire impliquant contradiction, nul ne se fait volontairement méchant, autrement il serait méchant avant de se rendre tel. Nul n'est la cause volontaire de sa volonté, car ce qu'on veut vouloir, on le veut déjà, de même que, comme dit une règle de Droit, celui qui peut pouvoir, peut déjà [133]. Si donc il faut accepter l'excuse du damnable, il faut de la nature des choses rayer la punition ; nul ne sera méchant, nul ne sera à punir, nul ne restera sans excuses.

TH. Pourquoi donc ?

PH. Pourquoi ? si ce n'est que, dans tout jugement qui doit infliger une peine, il suffit, pour condamner, de reconnaître, d'où qu'elle vienne, une volonté très mauvaise et délibérée. Quelle est donc cette folie des critiqueurs de la justice divine, de vouloir, pour attaquer la punition, aller au-delà de la volonté connue du scélérat, c'est-à-dire à l'infini ?

TH. Persuasisti, nullum excusandi colorem damnatis superesse, nec habere eos cur querantur, habere <tamen> cur indignentur ; aut potiùs habere eos cur querantur, non habere de quo querantur ; habere iram canis in lapidem ; ineptorum alea ludentium in fortunam ; desperatorum in se ipsos ; talem esse eorum iram in harmoniam universalem, ipsi rerum naturae, seu ideis consentaneam, huius rerum cursus effectricem ; iram profectô tam stultam, quàm si quis malè computans et examina operationi minimè respondere sentiens, indignaretur Arithmeticae potiùs, quàm sibi, doleretque in cassum ter tria non decem potiùs [nam talibus proportionibus necessariis etiam harmonia rerum innititur] quàm novem esse. Habere igitur <eos> iram sine objecto, dolorem sine fugâ, querelam denique quam nec ipsi sibi approbare, nec tamen deponere possint, sanè accessiones ingentes acuendae illi rabîosae infelicitati, qua potissimum damnatio condietur.

PH. Egregiè illud, dolorem eis sine fugâ ac propemodum, si dicere liceret, gratum esse, nec posse damnatos approbare sibi ipsis querelas suas : hoc erat quod tibi denique dicturus eram ut plenè convincereris. Addo enim nunquam eos par omnem aeternitatem <prorsus> damnatos esse, semper damnandos, semper eos posse liberari, nunquam velle, conscientiâ ergo perpetuô reclamante ne queri quidem constanter unquam posse sine contradictione.

TH. Mysteria loqueris.

PH. Vel ut alii mavolent, paradoxa.

TH. Nihil refert, nos soli sumus, detrahe velum.

PH. Imô si animum advertas, detraxi. Memineris paulò ante inter nos de naturâ peccati mortalis, seu ratione damnationis convenisse.

TH. Repete quaeso, et accommoda loco praesenti.

PH. An oblitus es, quid tibi rationem damnati Judae postulanti responderim ? Operae pretium est ipsa verba resumere, quia luculenta. Quaerebas quae ratio damnationis. Respondi : *status*

TH. Vous m'avez persuadé qu'il ne reste aux damnés aucune couleur d'excuse, qu'ils n'ont point de raison de se plaindre, qu'ils en ont pourtant de s'indigner, ou plutôt qu'ils ont de quoi se plaindre, ils n'ont pas de qui se plaindre ; ils ont la colère du chien contre le caillou, des sots joueurs de dés contre le hasard [134], des désespérés contre eux-mêmes ; telle est leur colère contre l'harmonie universelle conforme à la nature même des choses, c'est-à-dire aux idées, réalisatrice du cours actuel des choses ; colère tout aussi folle que si un homme, qui compterait mal et verrait que les preuves répondent aussi peu que possible au résultat de son opération, s'indignait contre l'arithmétique plutôt que contre lui, et déplorait en vain que trois fois trois ne fassent pas dix plutôt que neuf car même l'harmonie universelle naît de tels rapports nécessaires. Ils ont donc une colère sans objet, une douleur sans échappatoire, une plainte enfin qu'ils ne peuvent ni se rendre acceptable à eux-mêmes ni abandonner, beau total, vraiment pour exciter cette infélicité enragée qui fonde, principalement, la damnation.

PH. C'est tout à fait cela, la douleur est pour eux sans échappatoire et presque, si l'on osait dire, agréable, et les damnés ne peuvent se rendre acceptables à eux-mêmes leurs propres plaintes : voilà ce qu'en définitive je voulais vous dire pour vous convaincre pleinement. Eh bien, j'ajoute qu'ils ne sont jamais absolument damnés de toute éternité, qu'ils sont toujours damnables, qu'ils peuvent toujours être délivrés, que jamais ils ne le veulent, et donc, quoique leur conscience ne cesse de réclamer, qu'ils ne peuvent même jamais, pour rester conséquents avec eux-mêmes, se plaindre sans contradiction.

TH. Vous parlez par mystères.

PH. Ou, préfèreront d'autres, par paradoxes.

TH. N'importe, nous sommes seuls, faites tomber le voile.

PH. Comment ? mais, si vous y prenez garde, je l'ai fait tomber ! Souvenez-vous : il y a peu de temps, nous sommes demeurés d'accord sur la nature du péché mortel, c'est-à-dire sur la raison de la damnation.

TH. Répétez l'argument, je vous prie, et adaptez-le au point présent de notre discussion.

PH. Auriez-vous oublié ce que je vous ai répondu lorsque vous m'avez demandé la raison de la damnation de Judas ? Il vaut la peine de résumer ces paroles parce qu'elles seront plus précises. Vous me demandiez qu'elle était la raison de sa

morientis, odium scilicet DEI, quo flagrans obiit. Anima enim cùm a mortis momento novis sensibus externis, dum corpus reddatur, non pateat, cogitationibus tantùm postremis insistit,
[16r] *unde non mutat, sed auget statum mortis. Odium autem Dei | id est felicissimi, sequitur dolor maximus : est enim ut amor delectari, ita odium dolere felicitate, ergo maximè maxima. Dolor maximum est miseria seu damnatio, unde qui odit DEUM moriens, damnat seipsum.* Quae verba nescio an multum absint à demonstratione, nam et magnitudinis miseriae ab odii, odii ab objecti magnitudine rationem reddunt.

TH. Sed hîc paulô amplius aliquid dixisti, semper esse damnandos, nunquam damnatos.

PH. Hoc ita intelligo, quemadmodum quod movetur nunquam constanter <est> in loco ; semper <tamen tendit in locum> ; ita eos nunquam <esse> damnatos [ut nequeant si velint, desinere esse] semper damnandos, id est de novo damnari à se ipsis.

TH. Id ego probari desidero.

PH. Perfacilè fiet : si quis damnat seipsum odio Dei, <is> continuatione, imô augmento odii continuabit augebitque damnationem sui. Et quemadmodum beati continuo in omne infinitum incremento, in Deum, id est Harmoniam universalem rationemque summam semel admissi, eamque velut uno visionis ictu concentratam complexi, habent tamen indesinenter, cur distinctiore in gaudii partes reflexione infinitiplicent delectationem, quia cogitatio ac proinde voluptas sine perpetuâ novitate ac progressu nulla est ; ita furiosi illi osores naturae rerum, quanto provectiores erunt in cognitione creaturarum diabolico scientiae exitu, tanto magis nova indignationis, odii, invidiae, et ut verbo dicam, rabiei materie, perpetuò irritabuntur.

damnation. J'ai répondu [135] : *la disposition dans laquelle il est mort, à savoir la haine contre Dieu, dont il a brûlé en mourant. En effet, puisque, dès le moment de la mort, tandis qu'elle quitte le corps, l'âme ne s'ouvre plus à de nouvelles sensations externes, elle s'attache seulement à ses dernières pensées, elle n'en bouge pas, mais elle aggrave la disposition qui était la sienne à la mort. Or, de la haine contre Dieu, c'est-à-dire contre l'être doué de la félicité suprême, résulte la plus grande douleur, car, de même que l'amour consiste à se réjouir de la félicité d'autrui, de même la haine consiste à en souffrir, donc à souffrir au maximum de la plus haute félicité. La plus grande douleur est la misère, ou damnation ; d'où : celui qui hait Dieu en mourant, se damne lui-même.* Je ne sais si ces paroles s'éloignent beaucoup d'une démonstration, car elles rendent raison de la grandeur de la misère à partir de la haine, et de la haine à partir de la grandeur de son objet.

TH. Mais ici vous avez un peu élargi ce que vous disiez en ajoutant que les méchants sont toujours damnables, jamais damnés.

PH. Voici comme je l'entends : de même que ce qui est mû ne subsiste jamais en un lieu [136], mais tend toujours vers un lieu, de même ils ne sont jamais damnés, sans pouvoir, le voudraient-ils, cesser d'être toujours damnables, c'est-à-dire cesser de se damner à nouveau eux-mêmes [137].

TH. Pour ma part, je désire que vous le prouviez.

PH. La preuve sera faite très aisément : si un homme se damne lui-même par sa haine contre Dieu, cet homme par la continuation et, mieux encore, par l'accroissement de sa haine, continuera et augmentera sa damnation. Et de même que les bienheureux, une fois admis, par un progrès continu à tout l'infini, jusqu'à Dieu, c'est-à-dire à l'harmonie universelle et à la raison suprême des choses, après avoir embrassé celle-ci comme concentrée en un seul coup d'œil, ont cependant une délectation sans fin parce qu'ils la multiplient à l'infini par une réflexion plus distincte [138] orientée vers les parties variées de l'objet de leur joie, car il n'y a point de pensée et, par suite, de plaisir sans nouveauté perpétuelle et sans progrès [139] ; de même, à mesure que ces furieux haïsseurs de la nature des choses, par un résultat diabolique [140] de la science, seront plus avancés dans la connaissance des créatures, ils seront davantage stimulés, perpétuellement, par un nouveau sujet d'indignation, de haine, de jalousie, et, pour le dire d'un mot, de rage.

TH. Perbellè tu quidem pingis hypotheses tuas, sed patere ut duo quaeram.

PH. Etiam centum si lubet.

TH. Alterum obiter incidens, alterum principale ; ais crescere perpetuô, ut miseriam, ita et felicitatem. Sed quomodo divinae essentiae visio crescere possit non capio, nam si essentiae est, exacta est ; si exacta est, crescere non potest.

PH. Potest crescere etiam exacta cognitio, non materiae sed reflexionis novitate ; si novem unitates expositas habeas, exactè novenarii essentiam comprehendisti, proprietatum autem omnium etsi materiam haberes, at non formam, tamen seu reflexionem ; nam etsi ter tria, quatuor et quinque, sex et tria, septem et duo esse novem et mille alias combinationes non observes, non eo
[16v] minùs essentiam novenarii cogitasti. Nihil addo | de collatione novenarii cum aliis <extra ipsum unitatibus>, quia ita non forma tantum, sed et materies cogitationum variatur, et sunt hae potiùs totius ex numero utroque, quàm novenarii proprietates, quod in DEO, qui cùm omnia intra se habeat, nulli extra se comparari potest, locum non habet. Dabo igitur exemplum rei finitae, infinitas proprietates sine ullâ cum rebus extraneis comparatione praebentis. Ecce circulum ; intuere, si scias omnes lineas à centro ad circumferentiam esse aequales, satis lucidè opinor essentiam eius, non ideô et theoremata innumerabilia comprehendisti nam tot figurae diversae, eaeque regulares circulo inscribi possunt [id est etsi non designentur, iam tum insunt] quot sunt numeri, ergo infinitae quarum nulla est, quae non ingentem theorematum materiem suppeditaret indaganti.

TH. Fateor me saepè miratum quâ ratione voluptas in visione beatifica esset, animo velut stupente, et in uno obtutu immobili haerente ; hanc tu nubem satis mihi feliciter discussisti, et cum *omnitate novitatem* conciliasti. Sed hoc obiter, alterum est quod

TH. Certes, vous peigniez admirablement vos hypothèses, mais souffrez que je vous pose deux questions.

PH. Cent même, s'il vous plaît.

TH. L'une se présente en passant, l'autre est capitale. Vous dites : de même que la misère croît perpétuellement, de même aussi la félicité. Mais comment la vision de l'essence divine pourrait-elle croître, je ne le comprends pas, car si elle est la vision de l'essence, elle est exacte ; si elle est exacte, elle ne peut croître.

PH. Même exacte, la connaissance peut croître, par la nouveauté non de matière, mais de réflexion ; si vous avez devant vous neuf unités, vous avez embrassé l'essence du novenaire [141], mais bien que vous possédiez la matière de toutes ses propriétés, cependant vous n'en possédez pas la forme, c'est-à-dire la réflexion [142] ; car bien que vous ne réfléchissiez pas que trois fois trois, quatre plus cinq, six plus trois, sept plus deux, et mille autres combinaisons [143], font neuf, vous n'en pensez pas moins l'essence du novenaire. Je n'ajoute rien sur l'assemblage du novenaire avec les autres unités qui lui sont extérieures, parce que, dans cet assemblage, change non seulement la forme mais aussi la matière des pensées, et que ce sont là des propriétés du tout formé par l'un et l'autre nombre plutôt que du novenaire, ce qui n'a pas lieu en Dieu lequel, contenant tout en soi, ne se peut comparer à aucun être hors de soi [144]. Je vous donnerai donc un exemple de chose finie présentant les propriétés d'une chose infinie sans que l'on ait à faire aucune comparaison avec des choses qui lui seraient extérieures. Voici un cercle : si vous savez que toutes les lignes tirées du centre à la circonférence sont égales, vous avez, à mon avis, une intuition suffisamment claire de son essence, vous n'en avez pas compris aussi pour cela les théorèmes innombrables, car on peut inscrire dans le cercle autant de figures différentes et régulières — [entendez : bien qu'elles ne soient dessinées, elles sont dès maintenant contenues en lui] — qu'il y a de nombres, donc une infinité de figures dont il n'est pas une qui ne fournirait au chercheur une ample matière de théorèmes [145].

TH. J'avoue que je me suis souvent demandé de quelle sorte pouvait être le plaisir dans la vision béatifique, l'esprit comme paralysé d'étonnement et figé en un seul regard immobile : vous, avec bonheur, vous avez dissipé suffisamment pour moi, ce nuage, et vous avez concilié la *nouveauté* avec le *tout de la*

potissimum quaerere institueram, unde illud divortium animarum, cur aliae in amorem Dei ardescant, aliae in odium sibi exitiale ferantur. Quod illud punctum separationis, atque ut sic dicam divergentiae centrum ; cùm saepe credibile sit tam esse similem, externâ specie, damnandum beando, ut alterum pro altero non rarò accipiamus.

PH. Magna petis, amice, et in quae se sufficere dubitat Philosophia.

TH. At tenta tamen eousque enim progredi fas est rationi, quousque praesidia suppetitat ipsamet sibi, neque enim hactenus, nondum initiatus, profanis manibus, toto colloquio Revelata attigisti.

[1r] PH. Accipe quae multa meditatione tandem expressi[1]. | (E). Scito igitur ut in Republica, ita et in mundo, duo summatim hominum genera esse, *alios contentos, alios statui praesenti inimicos*[2]. Non quod illi ipsi contenti et quieti non quotidiè moliantur aliquid[3], lucrari, percipere, augere fortunas, amicos, potentiam, voluptates, famam quaerant, futuri alioquin stupentes potiùs quàm contenti, sed quod successibus frustrati, non ideô in obstantem consiliis suis Reipublicae forman odia trans-
[17r] fundant et de rebus | novandis consilia capiant, sed tranquillâ mente pergant in decursu vitae, non commoti magis, quàm si subtrahentem se Muscam irrito ictu appetiissent. Hoc bonorum malorumque civium verissimum discrimen majore etiam severitate Rei pub.[4] universali, cuius rector Deus est, applicandum.

TH. Ita certè, nam in Repub. nisi optimâ, qualis in humanis desperata est, non cavebitur, quin aliquando ab ipsis legibus subditorum quorundam miseria derivetur, quos de mutatione cogitare, quia necessarium eis, etiam justum est. In Republica universi<id est in optimâ Republicâ, cuius Rex Deus est,>[5] miser est non nisi qui velit.

1. *A partir d'ici commence, parallèlement au premier manuscrit, le deuxième manuscrit, B, qui a un autre titre :* Fragmentum colloquii inter Theophilum et Epistemonem. De justitia Dei circa praedestinationem aliisque ad hoc argumentum spectantibus. *Avant le mot* Scito, *le manuscrit porte la lettre E- Epistemon ; et partout par la suite dans le premier manuscrit, PH est doublé de E entre parenthèses.*

2. *Dans le manuscrit B cette phrase n'est pas soulignée.*

3. *Manuscrit B* : et lucrari atque augere fortunas et amicos...

4. *Manuscrit B, Leibniz a ajouté* : publicae.

5. *Cette incise de la main de Leibniz est ajoutée dans les marges du manuscrit A et représente le texte du manuscrit B. D'où il est clair que le manuscrit B peut être une copie de A.*

totalité[146]. Mais cette première question, je ne l'avais soulevé qu'en passant, il y a la seconde que j'avais réservée à l'enquête essentielle : d'où vient cette bipartition des âmes ? pourquoi les unes brûlent-elles d'amour pour Dieu, les autres se portent-elles à une haine qui leur est funeste ? Pourquoi ce point de séparation et, pour ainsi dire, ce genre de divergence, alors que souvent on peut croire que le damnable ressemble tant, du dehors, à celui qui doit être béatifié, qu'il n'est pas rare que nous prenions l'un pour l'autre ?

PH. Vous posez de grandes questions, mon ami, et auxquelles la Philosophie doute de suffire.

TH. Essayez cependant, car il est permis à la raison d'avancer tant que et jusqu'où elle se suffit elle même ; et, de fait, jusqu'à présent, n'étant pas encore initié, vous n'avez pas, en tout notre entretien, porté une main profane sur les mystères révélés.

PH. Accueillez les pensées que j'ai fini par dégager[147] à force de méditation. (E). Agréez[148] que dans une République, comme dans le monde, il y a, en gros, deux genres d'hommes, *les uns contents de l'état présent, les autres ennemis*[149]. Ce n'est point que les premiers, contents et sans ambition, n'entreprennent chaque jour quelque chose[150], gagner, accaparer, augmenter fortune, amis, puissance, plaisirs, ce n'est point qu'ils ne recherchent la réputation, autrement ils resteraient béats plus que contents, mais c'est que, sont-ils frustrés de réussites, ils n'en reportent pas pour cela de haine contre la forme de république qui met obstacle à leurs desseins et ils ne décident pas de faire une révolution, mais l'âme tranquille, ils poursuivent le cours de leur vie, non plus émus que s'ils avaient cherché à atteindre, d'un coup sans effet, une mouche qui se dérobe. Cette distinction très véritable des bons et des mauvais citoyens doit s'appliquer avec une plus grande rigueur encore à la République[151] universelle que Dieu gouverne.

TH. Oui, certes, car dans une République, excepté la meilleure telle qu'on désespère de la voir chez les hommes, on n'évitera pas que, des lois elles-mêmes, ne dérive parfois la misère de certains sujets qui penseront de leur infortune : puisque ces lois le rendent nécessaire, cela est juste aussi. Dans la République de l'univers c'est-à-dire dans la meilleure République, dont Dieu est le monarque[152], n'est malheureux que celui qui le veut.

PH. (E.) Rectè ; in mundo ergo nulla unquam indignatio justa est, nullus animi motus extra tranquillitatem, criminis expers [1]. Etiam ita desiderare, ut si negetur, doliturus sis, peccatum est, et occulta quaedam ira in DEUM, in statum rerum praesentem, et unde ille pendet seriem harmoniamque universalem.

TH. At. impossibile est destitutum successu non dolere.

PH. (E.) <Quod> [2] in corpore est conatus, id in mente affectus, sunt autem conatus alii vincentes, alii contrariis conatibus elisi ; si corpus [3] tendat ab oriente in occidentem, et eodem tempore in eadem <linea vi aequali> [4] retroagatur ab occidente in orientem, ob mutuam conatuum contrariorum [5] aequalitetem utrinque quiescet ; ita affectus quoque et motus primi tolli non possunt, <at> contrariis affectibus elidi possunt, ut efficacia careant. Ergo frustratus voto non potest quin momento doleat, sed non potest si gubernatione mundi contentus est, perseverare in dolendo [6], <nam statim> [7] cogitabit quicquid est optimum esse, non in se tantùm, sed et agnoscenti ; et <proinde> omnia in
[1v] bonum cedere | Deum amanti. Quare pro certo habendum est, illos omnes, quibus non placet regimen orbis, quibus Deus aliqua rectius facere potuisse videtur [8], et <eos quoque quil> [9] ab ea quam fingunt sibi rerum perturbatione pro atheismo argumenta sumunt, esse osores DEI ; unde patet etiam in Atheos cadere odium DEI ; quicquid enim credant dicantve, modo eis rerum natura statusque displiceat, Deum ipso facto odere, etsi quod odere, Deum non appellent.

TH. Si sic philosophamur, ne in emendantis quidem rebus laborare fas erit.

1. *En face de cette phrase, devant les trois lignes, est indiqué* : N.B. *et sont placées deux remarques* : Rs. atqui hoc systemate conciliandum ? RRs. signum est censorum systema non percipere.

2. *Le mot* Quod *était d'abord placé après les mots* : in corpore.

3. *Dans le manuscrit B, au-dessus du mot* corpus, *qui a été barré, il y a* : navis remigantium nisu.

4. *Après cette incise, ajoutée au manuscrit A, le manuscrit B en ajoute une nouvelle* : via vento contrario.

5. *Manuscrit B* : conatuum pugnatium...

6. *Manuscrit B* : est indulgere dolori, nam...

7. *Auparavant, il y avait d'abord* : cum primum. *En face de cette phrase, en marge, des guillemets et la remarque* : Rs. at unde illi haec cogitatio (?) secundum systema propositum. RRs. necesse est censorem valde fuisse in legendis praecedentibus festinum.

PH. (E.). Exactement. Donc dans le monde nulle indignation n'est jamais juste, nul emportement de l'âme en dehors de la tranquillité n'est exempt [153] d'impiété. Désiré de telle sorte que, si la satisfaction est refusée, on soit voué à la souffrance, est encore un péché, une colère cachée contre Dieu, contre l'état présent des choses, contre la série et l'harmonie universelle dont cet état dépend.

TH. Mais pourtant il est impossible que l'homme abandonné par le succès ne s'afflige point.

PH. (E.). Ce que [154] le *conatus* [155] est dans un corps, la tendance affective l'est dans l'âme. Or, des *conatus* les uns l'emportent, les autres sont vaincus par des *conatus* opposés ; si un corps [156] se dirige d'ouest en est et qu'on le fasse reculer en même temps, sur la même ligne avec une force égale [157], d'est en ouest, à cause de l'égalité respective des *conatus* opposés [158] il restera en repos dans l'une et l'autre direction ; ainsi encore la tendance affective primordiale et le premier mouvement ne peuvent être supprimés, mais ils peuvent être vaincus par des tendances opposées en sorte qu'ils perdent leur efficace. L'homme frustré dans son désir ne peut donc que s'affliger sur le moment, mais si le gouvernement du monde le contente, il ne peut persévérer dans son affliction [159], car aussitôt [160] il réfléchira que tout ce qui est est le meilleur, non seulement en soi, mais encore pour celui qui le reconnaît ; et par suite, tout se change en bien pour celui qui aime Dieu. C'est pourquoi il faut tenir pour assuré que tous ceux auxquels ne plaît pas le gouvernement de notre globe, auxquels il semble [161] que Dieu aurait pu faire mieux certaines choses, et ceux aussi qui [162] prennent argument du désordre des choses, qu'ils s'imaginent, en faveur de l'athéisme, sont des haïsseurs de Dieu ; d'où il est clair encore que la haine contre Dieu convient aux athées ; car quoi que ce soit qu'ils croient ou disent pourvu que la nature et l'état des choses leur déplaisent, par là même ils haïssent Dieu, bien qu'ils n'appellent pas Dieu ce qu'ils haïssent.

TH. A philosopher de la sorte, il ne sera même pas permis de travailler à réformer les choses.

---

8. *Dans le manuscrit B le mot* et, *qui va suivre, est sauté.*
9. *Au lieu de cela il y avait d'abord :* quicunque.

PH. (E.) Imô[1] non jus fasque tantùm sed et necesse, alioquin redibitur[2] ad sophisma ignaviae supra explosum. Igitur
[17v] Deum, id est harmoniam universalem | amantis est praeteritis contentum esse ; haec enim, quia infecta esse nequeunt, certum est Deum voluisse, ac proinde optima esse ; at circa futura, cum nihil praejudicatum sit quantum nobis constat, relictus est industriae ac deliberationi et conscientiae cuiusque locus. Unde si de vitio aliquo <aut malo, suo alienove, privato vel> publico, <aut tollendo aut corrigendo Dei> amans consultet, pro certo habebit heri emendari non debuisse, at cras emendari praesumet debere : praesumet, inquam, donec eventu rursus destituente contrarium probetur ; quae tamen frustratio nihil eius conatus imposterum fatigabit frangetve, neque enim Deo tempora praescribere nostrum est et soli perseverantes coronobuntur. *Deum ergo amantis est boni consulere praeterita, optima reddere conari futura*[3]. Qui sic affectus est, is demum animi tranquillitatem, quam Philosophi severi, resignationem omnium in Deum, quam Theologi Mystici urgent, assecutus est : qui[4] aliter sentit, quicquid etiam fidem, caritatem, Deum, proximum in ore habeat, nec novit Deum[5] quem summam omnium rationem esse nescit, nec amat. Nemo qui Deum ignorat rectè amare potest, potest <tamen> odisse. Odit ergo Deum, qui naturam, qui res, qui mundum, qui haec alia vult, alium sibi Deum optat. *Qui malè contentus*
[2r] *moritur, moritur osor Dei*[6] *:* Jamque velut in praeceps | datus persequitur iter quod ingressus est nec ampliùs revocantibus externis ; occluso[7] sensuum aditu, animam in se reductam, coepto rerum odio atque ipsa illa miseria fastidioque, indignatione, invidia, displicentia, magis magisque increscente, pascit. Corpore redunito, reversis etiam sensibus novam perpetuô contemtus, improbationis, irarum materiam invenit, tantoque magis torquetur, quanto minùs mutare ac sustinere potest displicentem sibi torrentem rerum. Sed transit dolor quodammodo in

1. *Manuscrit B* : Imô id non..., *et plus loin, — au lieu de* necesse *erit* — alioquin.

2. *En face de cette phrase, en marge, il y a, visiblement de Leibniz cette remarque difficilement lisible* : Rs. frustra sophisma ignaviae accusas si aliter nequeo pp. rerum serie.

3. *Cette phrase est également soulignée dans le manuscrit B.*

4. *Manuscrit B* : qui verô aliter.

5. *Manuscrit B* : Deum (: quem summam omnium rationem esse nescit :) nec amat quem non novit. Nemo qui...

6. *Cette phrase est également soulignée dans le manuscrit B.*

7. *Puis, entre parenthèses, il y avait la phrase suivante, barrée qui semble être* : saltem alter momentum.

PH. (E.). Au contraire [163]. Non seulement cela sera permis et de droit, mais encore cela sera nécessaire, autrement on serait ramené [164] au sophisme paresseux rejeté plus haut. Ainsi à celui qui aime Dieu, c'est-à-dire l'harmonie universelle il appartient d'être content des événements passés [165] ; en effet, puisque ces événements ne peuvent pas ne pas avoir eu lieu, il est certain que Dieu les a voulus, et, par conséquent, ce sont les meilleurs ; quant aux événements futurs, puisque en aucune façon nous ne jugeons d'avance dans quelle mesure ils sont certains pour nous, ce point est laissé au zèle, a l'examen, à la conscience de chacun. Il en résulte que si celui qui aime Dieu s'interroge sur quelque défaut ou quelque mal, ou le concernant ou à lui étranger, ou privé ou public, pour le supprimer ou pour le corriger, il tiendra pour certain que ce défaut n'a pas dû être réformé hier, et présumera qu'il devra être réformé demain : il le présumera, dis-je, jusqu'à ce que, le succès manquant de nouveau, preuve soit donnée du contraire ; cependant cette déception ne fatiguera ou n'abattra en rien pour l'avenir son effort, et, en effet, nous n'avons pas à prescrire des dates à Dieu, et seuls les persévérants seront couronnés. *Il appartient donc à celui qui aime Dieu d'être satisfait du passé et de s'efforcer de rendre le futur le meilleur possible* [166]. Celui qui se trouve ainsi disposé, celui-là seulement parvient à la tranquillité d'esprit que poursuivent les Philosophes austères, à la résignation de tout en Dieu que poursuivent les Théologiens Mystiques [167] ; celui qui [168] sent autrement, quels que soient les mots, foi, charité, Dieu, prochain, qu'il ait encore à la bouche, ni ne connaît Dieu [169], dont il ne sait pas qu'Il est la raison suprême de tout, ni ne l'aime. Aucun homme qui ignore Dieu ne peut bien l'aimer, cependant il peut le haïr. Il haït donc Dieu celui qui veut autres la nature, les choses, le monde, le présent, il souhaite un Dieu autre qu'il n'est. *Qui meurt mécontent, meurt haïssable de Dieu* [170] ; et, dans l'instant, comme poussé à l'abîme, les objets externes ne le retenant pas davantage, il poursuit la voie dans laquelle il s'est engagé ; fermé [171] l'accès des sens, il repaît son âme, réduite à elle-même, de la haine commencée contre les choses, et de cette misère même dont nous avons parlé, et de dégoût, d'indignation, de déplaisir, le tout croissant de plus en plus. Le corps réuni [172], les sens de nouveau revenus, il trouve, sans discontinuer, une nouvelle matière de mépris, de désapprobation, de colères, et il est d'autant plus torturé qu'il peut d'autant moins changer et soutenir le torrent des choses qui lui déplaît. Mais la douleur se change en quelque

voluptatem, gaudentque miseri invenire, quo torqueantur. Quemadmodum in humanis quoque infelices simul et felicibus invidentes quaerunt quod carpant non alio fructu quàm ut tam ineptos, ut putant, rerum potiri liberiore et magis effuso <et in harmoniam quandam seu speciem rationis tornato dolore indignentur. Est enim in ejusmodi indivis et[1] indignantibus et malè contentis mixta voluptas dolori mirâ quâdam ratione : ut enim sapientiae suae opinione sibi placent, delectanturque[2] ita potentiam sibi, ut putant, debitam deesse aut in aliis indignis esse, tanto furiosius dolent.> [3] Habes ergo explicata illa tam mirabilia paradoxa, neminem nisi qui velit non dicam damnari, sed nec
[19r][4] damnatum manere neminem nisi a se | damnari, damnatos esse nunquam <prorsus> damnatos, semper damnandos[5]; damnatos eâ pertinaciâ <ac perversitate appetitus esse>, eâ à Deo aversione, ut nihil gaudeant magis quàm habere quo doleant, nihil quaerant magis quàm invenire cur irascantur; hunc summum esse gradum rabiei rationalis, voluntarium, inemendabilem, desperatum, aeternum! damnatos ergo querimoniis illis, quas eis supra tribuebamus, atque incusationibus naturae, harmoniae universalis, Dei, velut autorem miseriae suae, uti nec posse unquam, nec velle.

TH. Deum immortalem! quàm tu paradoxa tua eudoxa[6] fecisti. Agnosco nec *Sanctos Patres*[7] ab hoc explicandi genere abhorrere. Et pia antiquitas simplici quadam sed prudenti fabula, indolem damnatorum ad hunc penè modum complexa est[8]. Eremita nescio quis profunditate contemplationum velut inebriatus[9], delere seriô coepit, esse tam multis creaturis pere-
[2v] undum. Ergo Deum precibus aggreditur, exponit | sinceritatem desiderii sui et ô Pater, inquit, potesne exitium tot infantum

1. *Manuscrit B* : et in indignantibus.
2. *Manuscrit B* : delectanturque seipsis, ita...
3. *A la place de cette incise il y avait seulement* : dolore indignentur.
4. *La pagination saute de 17 à 19.*
5. *Manuscrit B* : damnandos, ipsos damnatus eâ...
6. Dans le manuscrit B, Leibniz a remplacé eudoxa par endoxa. Voir note 177.
7. *Dans le manuscrit B ces mots sont également soulignés.*
8. *Se rapportant probablement à cet endroit, il y a à gauche, dans la marge du manuscrit B, la remarque* : De concordiâ ineundâ Christi cum diabolo ex antiquitatibus Franciscanis Philippi Besquierii primâ parte speculi cap. 97 fol. 186 (edit. Colon. 1623) vos audivistis pluries fratrem Iacobum de pocali praedicantem Bonionae (?) quôd S. Macarius voluit facere pacem inter DEUM et diabolum. Et Dominus dixit Macario si diabolus vult dicere culpam suam coram me parcam (?) sibi. Reversus Macarius ad diabolum retulit sibi quae dixerat Dominus. Respondit

sorte en plaisir, et les damnés se réjouissent de trouver par quoi être torturés. De même, parmi les hommes aussi, les malheureux en même temps qu'ils portent envie aux heureux ne cherchent à en recueillir d'autre avantage que de s'indigner, avec une douleur moins retenue, plus libre, tournée en une certaine harmonie ou apparence de raison, que tant de sots, à leur avis, soient maîtres des choses. En effet, chez les envieux [173], les indignés, les mécontents de ce genre, le plaisir est mêlé à la douleur selon un rapport admirable : comme, effectivement, ils se plaisent et délectent [174] à l'opinion qu'ils ont de leur sagesse, ainsi souffrent-ils [175] d'autant plus furieusement que la puissance qui, à leurs avis, leur est due, leur manque ou appartienne à d'autres qu'ils en jugent indignes. Voilà donc expliqués ces paradoxes si étonnants : personne à moins qu'il ne le veuille, je ne dirai pas seulement, n'est damné, mais personne ne reste damné s'il ne se damne lui-même, les damnés ne sont jamais absolument damnés, ils demeurent toujours damnables [176] ; ils sont damnés par cette opiniâtreté, cette perversion de l'instinct, cette aversion de Dieu, en telle sorte que rien ne les réjouit davantage que d'avoir de quoi se plaindre, qu'ils ne cherchent rien tant que de trouver motif de s'irriter ; voilà le degré suprême, volontaire, incorrigible, désepéré, éternel de la rage de la raison ! Damnés donc par ces doléances que nous leur attribuions plus haut, ces blâmes contre la nature, contre l'harmonie universelle, contre Dieu, comme s'il était l'auteur de leur misère en les empêchant de jamais pouvoir ni vouloir.

TH. Dieu immortel ! comme vous avez donné de la probabilité à vos paradoxes ! [177] Et je reconnais que les *Saints-Pères* [178] ne répugnent pas à ce genre d'explication. Et la pieuse antiquité, par une fable simple mais avisée, a exposé [179] le naturel des damnés presque de cette manière. Je ne sais quel ermite, comme enivré [180] par la profondeur de ses méditations, se mit à se plaindre sérieusement qu'un aussi grand nombre de créatures fussent promises à la perdition. Il entreprend donc Dieu par ses prières, il montre la sincérité de son souhait, et, ô notre Père, dit-il, pouvez-vous considérer froidement la perte de tant de vos

---

Diabolus imò ipse crucifixus debet genu flectere ante me et dicere mihi culpam quod tot annos fecit nos stare in inferno. Tum dixit Macarius : vade Satana, et expulit ipsum. Ille varô nunquam apparuit sibi.

9. *Manuscrit B : au lieu des mots* velut inebriatus, *il y a la correction :* abreptus.

siccus intueri ? Ah, recipe in gratiam miseros illos daemonas tot animas secum in barathrum trahentes. Cui ita vociferanti, placidè Omnipotens vultu quo coelum tempestatesque serenat : video fili simplicitatem cordis tui, et ignosco exuberantiae affectus tui, et in me quidem mora nulla est : fac ut sint qui veniam quaerant. Tum Eremita adorabundus : benedictus sis ô Pater omnis misericordiae, o inexhauste fons gratiae ! Et nunc eo venia tua, ut conveniam illum sibi aliisque miserum, huius diei felicitatem adhuc nescientem. Digressus in Principem diabolorum, hospitem sibi non rarum, incidit, et continuò invadens, ô te felicem, inquit, ô fortunatum hunc diem, quo tibi salutis aditus, penè a mundi primordio occlusus aperitur ! I nunc, et de DEI crudelitate querere apud quem miseri eremitae pro rebellibus tot saeculorum deprecatio valuit. Ille indignanti similis similisque minanti : et quis te constituit procuratorem nostrum ? quis tibi tam stultam misericordiam persuasit ? Scito, inepte, nec nos te
[19v] intercessore, nec Deo condonatore | egere. *Eremita* : O pertinaciam ! ô coecitatem ! Subsiste obsecro ac patere tecum agi. *Beelzebub* : Tu me scilicet docebis. *Eremita* : At quantula aliquot momentorum jactura est quae audiendo homuncioni optime omnibus cupienti impendes. *Beelzebub* : Quid vis ergo ? *Eremita* : Scito me de salute vestra cum Deo egisse. *Beelzebub* : Tene ? Cum Deo ? ô dedecus coeli, o infamiam mundi, ô indignitatem universi ! Et hunc praesse rebus, hunc tam prostitutae apud hos terrae vermes autoritatis, tremorem ab angelis postulare ? Rumpor ira, rabieque. *Eremita* : Ah parce maledictis in hoc confinio reconciliationis. *Beelzebub* : Extra me sum. *Eremita* : Reverteris in te ipsum, cum perceperis quantà patris teneritate reducem filium Dei sinus exspectet. *Beelzebub* : Et possible et reconciliationem velle qui tot nos injuriis efferavit ? resipisci, qui toties laesit ? agnoscere errorem, qui se omniscium, submittere sese qui omnipotentem
[3r] vult haberi ? | Et hem tibi, quo pretio putas pacem coituram ? *Eremita* : Unica deprecatio erit, quae iras exstinguat, odia sepeliat, memoriam ipsam priorum velut maris profundo demergat.

enfants ? Ah ! recevez en grâces ces malheureux démons tirant tant d'âmes avec eux vers l'enfer. A celui qui réclame ainsi à grands cris, le Tout-Puissant répond calmement, avec ce visage qui rassérène le ciel et les tempêtes : je vois, mon fils, la simplicité de ton cœur, je ferme les yeux sur les excès de ta passion, et, qui plus est, je ne m'y oppose aucunement : fais qu'il s'en trouve qui demandent leur pardon. Alors l'ermite en adoration : Soyez béni, ô Père de toute miséricorde, ô source inépuisable de grâce ! Et maintenant, avec votre assentiment, je pars pour rencontrer ce misérable qui fait son malheur et celui des autres, qui ignore encore le bonheur de ce jour. Arrivé chez le Prince des diables, hôte non rare pour lui, il le rencontre et, se jetant incontinent sur lui : ô heureux que tu es, dit-il, ô que ce jour est heureux où la porte du salut, qui t'était fermée presque depuis l'origine du monde, est ouverte ! Va maintenant, et plains-toi de la cruauté de Dieu auprès duquel la sollicitation d'un misérable ermite pour les rebelles de tant de siècles, a été efficace ! Le Prince des diables semblable à celui qui s'indigne, semblable à celui qui menace : et qui t'a constitué notre mandataire ? qui t'à déterminé à une aussi folle miséricorde ? Sache, sot, que nous n'avons besoin ni que tu intercèdes, ni que Dieu nous fasse remise. *L'ermite* : O opiniâtreté ! ô aveuglement ! Arrête-toi, je t'en conjure, et souffre qu'on discute avec toi. *Belzébuth* : Sans doute veux-tu m'en apprendre ? *L'ermite* : Combien mince est le sacrifice de quelques instants que tu consacreras à entendre un pauvre petit homme qui souhaite le meilleur pour tous ! *Belzébuth* : Que veux-tu donc ? *L'ermite* : Sache que j'ai discuté de votre salut avec Dieu. *Belzébuth* : Toi ? Avec Dieu ? O ornement du ciel ! ô infamie du monde ! ô indignité de l'univers ! Voilà celui qui règne sur les choses ! Celui qui demande aux anges de trembler devant une autorité si prostituée auprès de ces vers de terre ! J'éclate de colère et de rage. *L'Ermite* : Ah ! cesse de maudire à la limite où nous sommes de la réconciliation. *Belzébuth* : Je suis hors de moi. *L'ermite* : Tu rentreras en toi-même, quand tu sentiras avec quelle douceur de Père le sein de Dieu attend le retour de son fils. *Belzébuth* : Et il est possible que celui qui nous a rendus sauvages par tant d'injures, veuille la réconciliation ? que celui qui nous a tant de fois outragés, se repente ? que celui qui veut qu'on le tienne pour omniscient avoue son erreur, pour omnipotent se soumette ? Et toi, hein ?, de quel prix penses-tu que la paix doive s'assortir ? *L'ermite* : Mon unique supplication sera n'importe laquelle qui éteigne les

Beelzebub : Hac conditione me amicitiae paratum renunciato. *Eremita* : Serione ? *Beelzebub* : Ne dubita. *Eremita* : Ne ludificare. *Beelz* : Ito tantum, et rem effectam dato. *Eremita* : O me felicem, ô diem serenum, homines liberatos, Deum benedictum ! *Deus.* Quid tanto cum tripudio affers ? *Eremita* : Rem confectam, o Pater ! nunc regnum, et potentia, et salus, et robur, et honor, et gloria Dei nostri, et χρῖ eius, nam conversus est qui nos accusabat quotidiè, qui in exitum nostrum noctu diuque rugiebat. *Deus* : Quid ? etiamne deprecandi conditionem addidisti ? *Eremita* : Approbavit. *Deus* : Vide ne decipiare. *Eremita* : Eo ut adducam praestiturum. *Deus* : Sed heus tu, formulam praeformemus. *Eremita* : Excipiam. *Deus* : His ergo conceptis verbis apud
[20v] thronum meum | usuros denuntia, qui in gratiam recipi velint. Ego ore fateor et corde agnosco, me malitia mea miseriae meae causam fuisse, eamque aeternam fuisse redditurum, nisi ineffabilis miseratio tua stultitiam meam discussisset : nunc postquam pacata mente discrimen lucis ac tenebrarum sensi, malim extrema potiùs omnia pati quàm repetita offensa in eum statum redire, quo nihil foedius habere rerum natura potest. *Eremita*[1] : Habeo et nunc ibo aut potiùs volabo. *Beelzebub* : An alatus es ? *Eremita* : Affectus tam celerem fecit. Ecce formulam deprecationis. *Beelzebub* : Legam, placet. Sed quando praestabitur conditio. *E.*[2] Cùm tu voles. *Beelz* : Quasi in me mora sit. *Erem* : Age ergo ad thronum Dei eamus. *Beelz* : Quid ? satin' sanus es, egone ad illum, an ille ad me ? *Erem.* Ne lude in re tanta. *Beelz.* Ibit qui deprecaturus est. *Erem.* Eamus ergo. *Beelz.* Insanis. *Erem.* Nonne tu deprecaturus es ? *Beelz.* Hoccine tu spopondisti ? *Erem.* Quis aliud vel somniabit ? *Beelz.* Egone qui laesus sum ? illine Tyranno supplex fiam ? O bellum intercessorem ! O pestem
[3v] hominis ! O exemplar praevaricatoris ! *Erem.* Ah quid facis ? |

1. *Dans le manuscrit B ce mot est visible, mais barré.*

2. *Dans la suite sur les deux manuscrits, ces noms propres se présentent ordinairement en abréviation.*

colères, ensevelisse les haines, immerge comme dans la profondeur de la mer la mémoire même de ce qui s'est passé. *Belzébuth* : A cette condition, va répondre que je suis prêt à l'amitié. *L'ermite* : Sérieusement ? *Belzébuth* : N'en doute pas. *L'ermite* : Ne te moque pas. *Belzébuth* : Va seulement, et présente l'affaire réglée. *L'ermite* : O que je suis heureux ! ô jour serein ! ô hommes délivrés ! ô Dieu béni ! *Dieu* : Que m'apportes-tu avec tant de bonds d'allégresse ? *L'ermite* : L'affaire réglée, ô Père ! Maintenant le règne, la puissance, la conservation, la force, l'honneur, la gloire de notre Dieu et de son Christ, car il est converti celui qui nous accusait chaque jour, celui qui rugissait nuit et jour pour notre mort. *Dieu* : Quoi ? as-tu aussi ajouté la condition du pardon ? *L'ermite* : Il l'a approuvée. *Dieu* : Veille à ne t'être pas abusé. *L'ermite :* Je pars afin de lui transmettre ce qui sera garanti. *Dieu :* Mais, hé, toi ! arrêtons d'avance la formule [181]. *L'ermite* : Je la stipulerai. *Dieu* : Notifie donc à ceux qui voudraient rentrer en grâce qu'ils auront à employer devant mon trône ces mots solennels : Moi, j'avoue par ma bouche et je reconnais en mon cœur, que par ma malignité j'ai été la cause de ma damnation, et que celle-ci aurait été éternelle si ta commisération ineffable n'avait dissipé ma folie ; maintenant, après avoir, l'âme pacifiée, senti la différence de la lumière et des ténèbres, j'aimerais mieux subir les plus grands maux que de revenir, par une disgrâce renouvelée, à cet état dont la nature des choses ne peut rien produire de plus ignominieux. *L'ermite* [182] : J'ai la formule, et maintenant j'irai, je volerai plutôt. *Belzébuth* : As-tu des ailes ? *L'ermite* : C'est l'amour qui m'a rendu si rapide. Voici la formule de demande de pardon. *Belzébuth* : Je la lirai, si tu permets. Mais quand la condition sera-t-elle appliquée ? *L'ermite* [183] : Quand tu voudras. *Belzébuth* : Comme si je pouvais hésiter ! *L'ermite* : Eh bien ! allons vers le trône de Dieu. *Belzébuth* : Quoi ? As-tu ton plein sens ? Est-ce à moi d'aller à lui, ou a lui de venir à moi ? *L'ermite* : Ne plaisante pas en une affaire si grave. *Belzébuth* : Ira vers l'autre celui qui a demander pardon. *L'ermite :* En route, donc ! *Belzébuth :* Insensé ! *L'ermite :* N'as-tu pas à demander pardon ? *Belzébuth* : Est-ce cela même que tu as promis ? *L'ermite* : Qui en jugerait autrement même en rêve ? *Belzébuth* : Est-ce moi qui ai été offensé ? deviendrai-je le suppliant de ce tyran ? O le bel intercesseur ! O peste d'homme ! O modèle de prévaricateur ! *L'ermite* : Ah ! que fais-tu ?

Beelz. Intrat venenum membra, jamque omnes furit
Rabies per artus : scelere cumulandum est scelus
Sic expiamur. Sola furibundo hostia,
Mactatus hostis. Spargere in ventos juvat
Laceramque vivi, mille tractam partibus,
Totidem doloris speciminibus actam mei,
Ipsi vocantis ad resurgendum tubae
Subtrahere carnem.

Erem. Deus in adjutorium meum intende.

Beelz. Pallidi fauces Averni vosque Taenarei lacus —

Erem. Evanuit, respiro : quô iret miser novissimis verbis testatum reliquit. O desperatum ! O hostem DEO, universo, sibi ! Valeant maledicti sibique habeant insaniam deliberatam : at Tibi laus honor gloria, o Deus meus, qui misericordiam tuam justitiamque simul tam luculenter servo tuo patefacere dignatus es, omnesques illas dubitationum tentationes sustulisti, quae aut injustum te, aut impotentem efficere conabantur. Nunc quiescit anima mea, et in luce pulchritudinis tuae inexhaustis deliciis apricatur. Haec Eremita noster, et ego cum illo.

[20r] PH. (E). Severitatem argu | menti nostri jucundo interscenio distinxisti aut potiùs epilogo obsignasti. Jam enim ni fallor possumus tuto finire.

TH. Patere ut adhuc unum quaeram. Agnosco demonstratum à te damnatos de DEO, de mundo, de ullâ re queri nec posse nec posse velle. Unum restat ut DEUS aliis mentibus ad arcanum hoc iudicium stupentibus satisfaciat, imò ut sibi : quanquam enim ex positis prospicere mihi videar, velut è longinquo ; conficiendi negotii rationem malo tamen à te recollectam audire.

Belzébuth : Le venin s'insinue dans les membres, et aussitôt la rage se déchaîne
Par tout le corps : il faut que le crime s'ajoute au crime !
Ainsi sommes-nous satisfaits. Il n'y a qu'une victime pour le furibond,
L'ennemi immolé ! [184] Plaisir d'en disperser la chair aux vents,
Et, taillée dans le vif, arrachée en mille lambeaux,
Transformée en autant de témoignages de mon tourment.
De la soustraite cette chair,
A la trompette elle-même qui appelle à la résurrection [185].

L'ermite : Dieu, venez à mon secours !

Belzébuth : Gouffres du blème Averne, et vous, lacs du Ténare...

L'ermite : Il a disparu, je respire : où a pu aller ce malheureux ? il en a laissé l'attestation par ses tout derniers mots. O désespéré ! ô ennemi de Dieu, de l'Univers, de soi-même ! Que les maudits aillent au diable et qu'ils gardent leur folie délibérée ; mais à Vous, louange, honneur, gloire, ô mon Dieu, vous qui avez daigné manifester si bien à votre esclave votre miséricorde et votre justice, vous m'avez enlevé toutes ces tentations de doutes, qui tendent à vous faire ou injuste ou impuissant. Maintenant mon âme est en repos et, en d'inépuisables délices, se réchauffe à la lumière de votre beauté. Ainsi conclut notre ermite, et nous avec lui.

PH. (E). Vous avez coupé par un charmant intermède l'austérité de notre argumentation ou plutôt vous l'avez scellée par un épilogue. Maintenant, en effet, si je ne me trompe, nous pouvons terminer avec sécurité.

TH. Souffrez que je vous pose encore une seule question. Je reconnais démontré par vous que les damnés ni ne peuvent, ni ne peuvent vouloir se plaindre de Dieu, du monde, d'aucune chose. Reste, seule objection, que Dieu, par une mystérieuse décision, donne satisfaction aux autres âmes, les extatiques, et à soi plus encore, quoique, bien sûr, à partir de ce qui a été établi, il me semble discerner, comme de loin, la manière de mener notre affaire à bonne fin, je préfère cependant vous l'entendre résumer.

PH. (E). Quid est ergo quod quisquam etiamnum queri possit ? Nam nec Deus, nec beatus quisquam beatus esset, imò esset, nisi series rerum sic esset[1].

TH. Nemo queri fateor, quidam mirari poterunt tantùm
[4r] duo : | *primum*[2] *cur non constiterit sibi ratio mundi sine quorundam damnatione; deinde cur hanc potius quàm illam, in hâc potius quàm illâ carnis massâ, animam rerum circumstantiae tulerint, se reddere, imò velle infelicem.*

PH. (E). Quaestio <prior est> facillima simul difficillimaque. Facillima si mihi ita optimum et harmoniae universali consentaneum fuisse asserenti, acquiescis, quod ex effectu, et ut scholae loquuntur à posteriori, ostenditur eo ipso quia factum est Quicquid enim existit optimum[3] vel ἁρμονικώτατον esse, invicta demonstratione conficitur, quia rerum prima et unica causa *efficiens*[4] mens ; mentis, ut agat, causa seu *finis* rerum[5] harmonia[6], mentis perfectissimae summa. Sed si non contentus ea ratiocinatione, aperiri tibi illam ipsam harmoniam tam mirabilium causatricem, et à priori demonstrari velis, rationis fuisse ita[7] in mundo evenire, rem homini, nondum ad arcana visionis Dei admisso, impossibilem petis.

TH. Utinam quàm liquido à te evictum est, tam persuaderi posset orbi : quicquid est, si rerum summam spectes, optimum esse. Certè si crederent hoc omnes, minùs peccatorum haberemus[8], si meminissent semper, nihil. Amaret unusquisque conditorem, obstructum os Atheismo esset, et silere cogerentur illi
[21r] stulti providentiae censores qui paucis carminis pulsibus auditis | de totâ melodiâ judicium incivile praecipitant ignari in hâc

1. *Dans le manuscrit B se trouve l'addition suivante* : ut supra evici. *Au-dessus de la ligne, Leibniz a encore ajouté* : etsi enim liberè tamen infallibiliter haec quia optima electa est.

2. *Le mot* primum *et, plus loin, le mot* deinde *sont soulignés chaque fois dans les deux manuscrits.*

3. *Manuscrit B* : id optimum.

4. *Dans le manuscrit B ce mot n'est pas souligné.*

5. *Manuscrit B* : rerum est harmonia.

6. *Dans le manuscrit B le mot* Harmonia *est souligné, de même que le mot* summa *qui vient ensuite. En marge du manuscrit A il y a la remarque* : Rs. At harmonia rerum unde ? quidni ab ipsâ mente res diversas ordinante ? et quidni consensuum et dissensuum praevisionem perfectissimae scientiae argumentum admittere licet ? RRs. non intelligit. Harmonia rerum est ideale quiddam seu jam in possibilibus spectatur, quia series possibilium alia ἁρμογικώτερος.

7. *Manuscrit B* : ita omnia in mundo...

8. *En face de cette phrase, en marge dans le manuscrit A il y a la remarque*

PH. (E.). De quoi donc quelqu'un se pourrait-il plaindre encore maintenant ? Car ni Dieu, ni un bienheureux ne serait bienheureux, mieux encore : il n'existerait pas, si la série des choses n'était ce qu'elle est [186].

TH. Personne, je le reconnais, ne peut se plaindre, certains pourront s'étonner seulement de deux points : *premièrement* [187], *pourquoi l'ordre du monde ne s'est-il pas établi sans la damnation de certains* ? ; *deuxièmement, pourquoi les circonstances des choses ont-elles comporté que cette âme plutôt que cette autre, dans cette masse de chair plutôt que dans cette autre, se rendrait ou, mieux, se voudrait malheureuse ?*

PH. (E). La première question est à la fois la plus facile et la plus difficile. La plus facile si vous m'approuvez lorsque j'affirme que ce qui a été porté à l'existence c'est le meilleur, ce qui est conforme à l'harmonie universelle ; on le montre à partir de l'effet, et, pour parler avec l'École, *a posteriori,* du seul fait que l'existant a été créé, car tout ce qui existe est le meilleur [188], ou ἁρμονικώτατον ; on le prouve par une démonstration invincible, parce que la première et unique cause *efficiente* [189] des choses, c'est l'esprit ; la cause motrice de l'esprit, ou *fin* des choses [190], c'est l'harmonie [191], et de l'esprit absolument parfait, c'est l'harmonie suprême. Mais si, mécontent de ce raisonnement, vous voulez que cette harmonie elle-même, qui cause tant de merveilles, vous soit dévoilée et démontrée *a priori,* et qu'il a appartenu à la raison de réaliser cette harmonie dans le monde [192], vous demandez une chose impossible à un homme encore non admis aux secrets de la vision de Dieu.

TH. Fasse que notre globe s'en puisse persuader aussi nettement que vous l'avez prouvé : tout ce qui est, si l'on considère l'ensemble des choses, est le meilleur. A coup sûr, si tous en étaient convaincus, nous aurions [193] moins de péchés, aucun s'ils s'en souvenaient toujours. Chacun aimerait le fondateur des choses, on fermerait la bouche à l'athéisme et l'on contraindrait au silence ces vains censeurs de la providence, qui, à peine ont-ils entendu quelques mesures du poème, se hâtent de juger en rustres de la mélodie tout entière ; ils ignorent que, dans cette quasi [194] infinité des choses et, pour ainsi dire, dans cette répéti-

---

suivante : Rs. E. haberemus aliam seriem. E. ipse autor non est contentus unâ serie, dum aliam optat. RRs. ridicula objectio. Optamus futura, quia nescimus quid de illis Deus statuerit, ergo non optamus aliam seriem.

penè infinitate rerum, ac ut sic dicam replicatione mundorum in mundis <(continuum enim in infinitum divisibile est)>, totum melos mortali nondum purgato mente complecti impossibile esse, nec agnoscentes, has interspersas dissonantias particulares [1] exquisitiorem reddere consonantiam universi ; quemadmodum duae imparitates in unam paritatem colliguntur [2], imô de essentiâ harmoniae esse, unitate quâdam velut insperata pensare mirificè distortam diversitatem. Quod non melodiarum tantum sed et historiarum illarum ad oblectationem confictarum, quas Romanos [3] vocant, concinnatores pro lege artis habent. Hoc tamen alte-
[4r] rum expedias | superest [4], cum animae sibi per se sint simillimae, vel ut scholae loquuntur, solo numero <aut certe gradu> differant ac proinde solis <externis [5]> impressionibus varientur, quae possit in harmoniâ illâ universali ratio diversitatis esse, cur haec potiùs quàm illae [6] circumstantiis voluntatem depravaturis objiciatur, vel (quod idem est) hoc tempore constituatur in hoc loco.

PH. (E.). Difficilis <videtur quaestio> [7] sed à detortâ potius quaerendi ratione quàm naturâ rei. Tangitur <enim spinosissima tractatio *de principio individui* [8] seu solo numero differentium discriminatione. Sint duo ova, ita sibi similia ut ne Angelus quidem [9] <(ex hypothesi summae similitudinis :)> observare differentiam possit, et differre tamen quis neget ? Saltem eo quod unum est hoc, alterum hoc, seu *haecceitate* vel quôd sunt unum et alterum, seu *numero*. Sed quid volumus nobis cùm numeramus, seu cùm dicimus *HOC* [*numerare* enim est repetitum hoc]. Quid est HOC ? seu determinatio ? Quid ? nisi sensus temporis et loci, seu motus aut rei datae ad nos vel rem jam determinatam aut nostri [manus puta aut digiti quo demonstramus] vel rei jam determinatae, ut baculi, ad rem datam demonstrandam. En ergo [8]

1. *Manuscrit B* : dissonantias partium.

2. *Venaient ensuite, entre parenthèses, par après supprimés les mots suivants* : (: v.g. 1 et 3 facit 4, item 3 et 5 facit 8 :).

3. *Je maintiens* Romanos. *Voir note 197.*

4. *Le manuscrit B comporte une variante de la suite* : cum fortè aimae quaedam sibi per se sint simillimae [*barré* : vel, ut Scholae loquuntur, solo numero differant] ac proinde [*barré* : solis] corporis maximè impressionibus varientur, miror quae possit... *Entre les lignes, variante barrée* : vel si perfectionis gradu differant, hoc saltem commune habeant, ut primo ortus momento purae sint

5. *Il y avait* : corporis.

6. *Manuscrit B* : illae animae circumstantiis.

7. *Il y avait d'abord* : difficilis objectio est, quanquam...

8. *Il y avait, revu par Leibniz, de la main du copiste* : enim quaestio spinosissima [*Leibniz* : tractatio] de principio individui.

tion des mondes dans les mondes (car le continu est divisible à l'infini), il est impossible à un mortel encore non purifié d'embrasser par l'esprit le chant tout entier, et ils ne reconnaissent pas que ces dissonances particulières[195] entremêlées rendent la consonnance de l'univers plus exquise : comme deux impairs se fondent[196] en un pair, bien davantage est-il de l'essence de l'harmonie, que la diversité discordante soit rachetée, d'une manière étonnante, par une unité pour ainsi dire inattendue. Ce que les fabricants non seulement de mélodies mais encore de ces histoires agencées pour distraire, qu'on appelle des romans[197], tiennent pour règle de leur art. Cependant il vous reste[198] à débrouiller la deuxième difficulté : puisque les âmes sont par elles-mêmes très semblables entre elles ou, en termes d'École, puisqu'elles ne diffèrent que numériquement ou au moins, de degré, et ne sont, en conséquence, diversifiées que par les impressions externes[199], quelle raison de diversité peut-il y avoir dans cette harmonie universelle, pour que cette âme plutôt que ces autres[200] soit exposée à des circonstances propres à dépraver sa volonté, ou (ce qui revient au même) pour qu'elle soit située en ce temps-ci, en ce lieu-ci ?

PH. (E). La question paraît[201] difficile, mais plutôt par la manière tortueuse de questionner, que par la nature de la difficulté. Abordons, en effet, la très épineuse étude *Du principe d'individuation*[202], c'est-à-dire de la distinction des différences par le seul nombre. Soient deux œufs à ce point semblables que pas même[203] un Ange[204] <(par hypothèse de la plus grande similitude :)>, ne puisse y observer de différence ; et cependant, qui le nierait ?, ils diffèrent. A tout le moins en ce que l'un est celui-ci, l'autre est celui-ci, c'est-à-dire par l'*hecceité*[205] ou parce qu'ils sont et l'un et l'autre, parce qu'ils diffèrent *par le nombre*. Mais à quoi voulons-nous en venir lorsque nous comptons, lorsque nous disons : CECI (car *compter*, est la répétition de ceci). Qu'est-ce que CECI ? ou la détermination ? Quoi ? sinon la conscience du temps et du lieu, c'est-à-dire du mouvement de la chose ou de sa situation par rapport à nous, que nous ayons à désigner une chose déjà déterminée soit avec une partie de notre corps (par exemple, la main ou le doigt par lequel nous désignons), soit avec une chose déjà déterminée — ainsi : un bâton — pointée vers la chose[206]. Voilà donc[207] les principes d'individuation, dont vous

9. *Il y avait ensuite :* imô nec Deus, *qui a été barré.*
10. *Manuscrit B* : En verô.

tibi quod mireris principia individuationis, extra rem ipsam, neque enim inter illa ova aliud discrimen assignare vel Angelo vel ut audacter dicam DEO[1] possbile est [ex hypothesi summae similitudinis] quàm quôd praesenti tempore hoc est in loco A illud in loco B ; quare ut discernere ea perpetuô possis, in quo *designatio* [id est determinatio perpetua] sita est, necesse est haec ova [posito quòd nihil ipsis illinere, alligare notae signive imprimere liceat, quo desinant simillima esse] vel in loco immo-
[21v] bili reponas, ubi et ipsa quiescant, vel efficias, ut locus eorum |
seu vas, si sit mobile, non sit tamen frangibile, et ipsa in eo ita sint firmata ut ad determinatas jam certis quibusdam notis impressis partes vasis, eundem semper situm retineant ; vel
[5r] denique | si omnem eis libertatem relicturus es <necesse erit, ut>
motum uniuscuiusque toto temporis tractu per omnia loca oculis <manibusve aut alio contactus genere> persequare.

TH. Mira narras, et quae nulli credo scholasticorum, vel per somnium in mentem venêre, sed quae tamen nemo diffiteri possit, sunt enim sumpta ex usu vitae, neque enim aliter homines in rebus simillimis distinguendis ratiocinantur ; sed quid inde ad animas intuleris.

PH. *(E).* Quid ? nisi animas quoque seu ut appellare malo, mentes[2], loco et tempore velut individuari seu fieri *has*. Hoc posito tota quaestio evanescit. Quaerere[3] <enim cur haec anima <prae aliâ> his locis[4] temporisque circumstantiis (unde tota vitae mortis salutisque aut damnationis series oritur) sit primum objecta, et per consequens ex aliis in alias, serie rerum extra ipsam ita ferente, transeat, est quaerere[5], cur haec anima sit haec anima.> Finge aliam animam in corpore *hoc* (seu eiusdem loci temporisque) eodem quo haec inceperat loco et tempore existere incepisse ; illa ipsa anima quam tu aliam vocas, erit non alia, sed *haec*[6] Si quis indignaretur quôd non è Regina aliqua

1. *Dans le manuscrit B,* les mots vel audacter dicam *ont été supprimés par Leibniz.*

2. *Dans le manuscrit B il était ici ajouté* : quae alioqui similes sunt.

3. *Ce mot est souligné dans le manuscrit B.*

4. *Manuscrit B* : loci temporisque.

5. *Ce mot est souligné dans le manuscrit B.*

6. *Dans le manuscrit B ce mot est souligné deux fois. Se rapportant à cet endroit, dans le manuscrit A il y a, en marge, une remarque* : Rs. haec dicis sed unde probatur ? quidni alia anima in iisdem locorum et temporum circumstantiis aliter se gereret ? Sed et hinc secundum ipsum omni culpâ damnationis suae caret anima, si omnis anima in iisdem cum ipsâ circumstantiis idem egisset, nec valet quia in animabus non invenio causas diversitatis. Ergo nulla ibi sunt â meâ ignorantiâ ad rei negationem quaer. cosequentia. RRs. facile responsu. Eadem

restiez étonné, hors de la chose elle-même ; et, en effet, il n'est pas possible (en partant de l'hypothèse de la plus grande similitude) soit à un Ange, soit, oserai-je dire, à Dieu [208], d'assigner entre ces deux œufs d'autre principe distinctif que : à l'instant actuel, celui-ci est dans le lieu A, celui-là dans le lieu B ; c'est pourquoi, pour pouvoir continuer à les distinguer par ce en quoi réside la *désignation* (c'est-à-dire la détermination continuelle), il est nécessaire (supposé qu'on ne puisse leur barbouiller, attacher, imprimer aucune marque ou un signe par lequel ils cessent d'être entièrement semblables) soit que vous les introduisiez en un lieu immobile où ils demeurent aussi en repos eux-mêmes, soit que le lieu, le vase qui les contient, s'il est mobile, ne soit cependant pas fragile, et qu'ils soient fixés en lui de telle sorte qu'ils conservent toujours la même situation par rapport aux parties du vase portant déjà certaines marques sûres ; soit, enfin, si vous devez leur laisser toute liberté, il sera nécessaire que pendant toute la durée de leur déplacement, en tous les lieux qu'ils traversent, vous suiviez des yeux, des mains ou par une autre genre de contact, le mouvement de chacun.

TH. Vous m'exposez d'étonnants principes, qui, je crois, ne sont venus, même en rêve, à l'esprit d'aucun scolastique, mais dont, pourtant, personne ne pourrait disconvenir, car ils sont pris de la pratique de la vie, et les hommes, en effet, ne raisonnent pas autrement quand ils ont à distinguer des choses tout à fait semblables ; mais qu'en inférez-vous relativement aux âmes ?

PH. (E). Quoi ? sinon que les âmes aussi, ou, comme je préfère les appeler, les esprits [209] sont comme individuées, c'est-à-dire deviennent *celles-ci* par le lieu et le temps. Cela posé, toute la difficulté disparaît. Car chercher [210] pourquoi c'est cette âme plutôt qu'une autre qui se présente d'abord dans ces lieux [211] et dans ces circonstances temporelles (d'où vient la série entière de la vie, de la mort, du salut ou de la damnation), et, par conséquent, pourquoi elle passe des unes aux autres circonstances, la série des choses qui lui sont extérieures le comportant ainsi, c'est chercher [212] pourquoi cette âme est cette âme. Imaginez qu'une autre âme ait commencé, en ce *corps*-ci (c'est-à-dire : du même lieu et du même temps) d'exister dans le même lieu et dans le même temps où la première âme a commencé d'exister ; cette âme même que vous appelez « autre », ne sera pas autre, mais

---

anima plane non imbuta, in iisdem circumstantiis posita idem ageret, revera enim non esset alia sed eadem quia nullum discrimen.

natus ipse, Rex contra non è suâ matre esset, indignaretur quod non ipse esset alius, imô indignaretur nihilo, nam omnia eodem modo evenirent, neque ipse tunc Regius puer de se nunc rustici filio somniaret. Eodem modo aliquando eos elusi qui indignabantur quod Deus Adamum et Evam semel lapsos non statim è mundo [ne labes in posteros propagaretur] <sustulisset, melioribus aliis substitutis.> [1] Admonui enim si hoc fecisset Deus, sublato peccato longè aliam rerum seriem, longè alias circumstantiarum, hominum, matrimoniorum conjunctiones, longè alios homines prodituros fuisse, ac proinde sublato aut extincto peccato ipsosmet in mundo non fore. Neque ergo habere eos, cur Adamo aut Evae peccantibus, multo minùs cur Deo peccatum ferenti indignentur, <cùm potiùs huic ipsi peccatorum tolerationi acceptam ferre debeant existentiam suam>. Vides quàm vanis quaes-
[5v] tionibus homines ipsi se vexent, perinde ac si quis | seminobilis, patri quôd conjugem imparem duxisset, irasceretur [quanquam
[22r] non desint hominibus affectus similes, imô stultiores] | non cogitans si aliam duxisset, non se sed alium hominem fore in mundo.

TH. Non habeo amplius quod quaeram ; querar, objiciam, mirer, nisi explicati negotii totius claritatem inexpectatam. Subjicerem plura in commendationem, nisi vererer, ne homines nos colludere suspicarentur.

PH. *(E.)* Iudicent igitur alii potiùs modô probi et intelligentes, qui attendant, qui sensum verborum accipiant positum non inferant alienum, qui detortas consequentias autori nec per somnium cogitanti imputatas, qui mordaces cavillas perturbationum animi notas oderint qui pari vindicandae divinae gloriae et illustrandarum mentium zelo inflammentur.

TH. [2] Sed esto erraveris suffecerit ne ipsam quidem calumniam invidiamque exculpere quod haereticum sit aut qui [3] sic loquatur, sic credat, sic moriatur damnandum esse, pro filio

1. *Il y avait d'abord :* propagaretur melioresque alios substituisset.

2. *A partir de ce mot jusqu'à la fin, le texte a été barré dans les manuscrits A et B.*

3. *Manuscrit B* : aut si sic...

celle-ci [213], la première. Si quelqu'un s'indignait de n'être pas né d'une reine et qu'à l'inverse sa propre mère n'eût pas mis au monde celui qui est roi, il s'indignerait de n'être pas lui-même un autre, ou plutôt il s'indignerait pour rien, car tout reviendrait au même, et lui-même, alors enfant royal, ne songerait pas qu'il est maintenant fils de paysans [214]. Du même coup, j'ai éliminé une fois pour toutes ceux qui s'indignaient que Dieu n'eût pas, sur le champ, exclu du monde, [afin que la souillure ne s'en propageât pas à leurs enfants], Adam et Ève après qu'ils eurent péché ensemble, et qu'il ne leur eût pas substitué un couple meilleur. [215] En effet, ai-je fait remarquer, si Dieu avait fait cela, le péché une fois supprimé, une tout autre série des choses, de tout autres liaisons des circonstances, des hommes, des mariages, de tout autres hommes, auraient dû se produire, et, par conséquent, le péché supprimé ou éteint, nous-mêmes nous n'aurions pas été appelés à venir au monde. Ces objecteurs n'ont donc pas de raisons de s'indigner qu'Adam et Ève aient péché, bien moins encore que Dieu ait supporté le péché, puisque, plutôt, ils doivent porter leur existence au crédit de cette tolérance des péchés par Dieu. Vous voyez combien les hommes se tourmentent eux-mêmes par de vaines questions, comme si un semi-noble s'indignait contre la mésalliance de son père — encore que les hommes ne manquent pas de sentiments semblables et même plus fous —, ne réfléchissant pas que, si son père avait épousé une autre femme, ce n'est pas lui mais un autre homme qui serait venu au monde.

TH. Je n'ai rien de plus à vous demander : si j'avais à me plaindre, à objecter, à m'étonner, ce serait seulement de la clarté inattendue que vos explications apportent en toute cette affaire. J'en soumettrais plusieurs à la recommandation de théologiens [216], si je ne craignais que les hommes ne nous soupçonnassent de collusion.

PH. (E). Que d'autres en jugent donc plutôt, pourvu qu'ils soient probes et intelligents, qu'ils soient attentifs, qu'ils acceptent le sens, que je pose, des mots, qu'il n'en avancent pas un autre, qu'ils n'imputent pas des conséquences déformées à l'auteur qui même en songe n'en a eu l'idée, qu'ils haïssent les plaisanteries mordantes, signes de désordres d'esprit, qu'ils brûlent d'un zèle égal à venger la gloire divine et éclairer les esprits.

TH [217]. Mais j'y consens ! Vous allez vous égarer ! Qu'il suffise que pas même la calomnie et la jalousie n'obtiennent que pouvoir triompher par le raisonnement soit hérétique et que celui

Ecclesiae matris communis, seu quod idem est fratre, haberi non debere, evincere posse.

PH. *(E.)* Id confido certè et huius spei plenus Catholico Ecclesiae, Reip. χρι^{anae} antiquitatis consensui nostri quoque saeculi receptis sententiis denique unicuique rectiùs ratiocinanti, me submitto ; ut accuser, impedire non possum ; praejudicari deprecor ; spero enim effecturum me si audiar <aut potiùs si attentè legar> ut fateantur omnes si sublatis verborum praestigiis quae plerumque rebus magis turbant humanum genus, quantâ maximâ fieri potest simplicitate omnia exponantur ; nihil à me pronunciatum esse, quod non agnoscere necesse sit universos. De χρι merito, de Spiritus Sancti auxiliis, et extraordinario divinae gratiae concursu, rebus à divinâ revelatione pendentibus, nunc quidem dixi nihil, ita enim convenit inter nos, ut ego Catechumenus tibi Philosophi Theologiam exponerem, antequam tu me vicissim christianae sapientiae revelatis mysteriis initiares, ut minueretur tibi <Theophile> confessa apud me et
[6r] agnita probandi | labor, et fidei rationisque harmonia clarior, et insipientia illorum omnibus conspectior esset, qui aut doctrinâ inflati religionem contemnunt aut revelationibus <jactatis> superbi Philosophiam <ignorantiae suae detectricem> odere.

TH. Laudo modestiam tuam, agnosco fructus quos ex hâc collatione percepti et gaudeo habere me per te quo os <obturem> [1] illis, qui per summam proterviam [2] nec Scripturae sacrae
[22v] reverentiâ, nec sanctorum Patrum | consensu, autoritate, et exemplis commoventur ; nescio quibus rationibus freti, quas tu frivolas esse, luce meridianâ clariùs ostendisti. Erit tempus, (sic auguror precorque) quo praeparatius ad majora instrumentum in te habebo ut interiora <qvoqve> fidei [3] ingressis nobis, rectae rationis luce tenebrae omnes, et spectra <vanissimarum difficultatum, qvibus turbantur animae et in aviâ seducuntur [4]> quasi exorcismo quodam exterreanur. Valé.

1. *Il y avait d'abord, vraisemblablement* : obdarem.
2. *Manuscrit B* : poterriam.
3. *Barré* : tecum.
4. *D'abord* : et spectra delirantium nugatorum, quibus vel inepte defendunt, vel malitiose impugnant [*barré* : fidem] <mysteria religionis nostrae,> quasi...

qui[218] parle ainsi, croit ainsi, meurt ainsi, soit damnable, ne doive pas être considéré comme fils de notre commune mère l'Église, ou, ce qui revient au même, comme un frère.

PH. (E.). En tout cas j'ai confiance et, plein de cet espoir, je me soumets à ce qu'il y a d'universel dans l'Église, aux sentences reçues sur lesquelles s'accordent la république chrétienne de l'antiquité et celle d'aujourd'hui[219], enfin à tout homme qui l'emportera par le raisonnement. Que l'on m'accuse, je ne puis l'empêcher ; je demande qu'on ne me juge pas d'avance ; car j'espère, si je suis entendu ou plutôt, si je suis lu attentivement, amener tous mes interlocuteurs à avouer si, une fois supprimées les impostures verbales qui, la plupart du temps, troublent plus que les choses le genre humain, tout ne s'expose pas avec la plus grande simplicité possible[220] ; rien n'a été énoncé par moi qu'ils ne doivent nécessairement reconnaître tous ensemble. Du mérite du Christ, des secours du Saint-Esprit, du concours extraordinaire de la grâce divine, choses dépendant de la révélation divine, maintenant, certes, je n'ai rien dit, car nous étions convenus que moi, catéchumène, je vous exposerais la Théologie du Philosophe avant que vous, en retour, vous m'initiez aux mystères révélés de la sagesse chrétienne, afin de vous soulager, Théophile, de la peine de prouver ce que je confesse et reconnais, de rendre plus claire l'harmonie de la foi et de la raison[221], plus apparente la folie de tous ceux qui, ou bien enflés de science méprisent la religion, ou bien fiers de révélations offertes, haïssent la Philosophie, détectrice de leur ignorance.

TH. Je loue votre modestie, j'ai recueilli, je l'avoue, des fruits de cette conversation. Je me réjouis de tenir de vous de quoi fermer[222] la bouche à ceux qui, par une suprême impudence[223], ne sont touchés ni du respect de l'Écriture sacrée, ni de l'accord, de l'autorité, des exemples des Saint-Pères, pleins de je ne sais quelles raisons dont vous avez montré plus clairement que la lumière de midi qu'elles étaient frivoles. Viendra le temps (ainsi j'en augure et je prie pour cela) où j'aurai en vous un instrument mieux préparé à de plus hautes entreprises pour que, une fois que nous aurons pénétré à de plus grandes profondeurs de la foi[224], toutes les ténèbres et tous les spectres des plus vaines difficultés qui troublent les âmes et par lesquelles elles se fourvoient[225], soient chassés comme par un exorcisme. Adieu.

NOTES

ABRÉVIATIONS

Jag : Variantes de l'éd. Jagodinsky. Quand elles ont été corrigées d'après l'éd. O. Saame, elles ne sont pas précédées du sigle *Jag.*

El : JAGODINSKY : *Leibniz. Elementa philosophiae arcanae de summa rerum.* Kazan, 1913).

P : G.W. Leibniz : *Philosophische Schriften, éd.* Gerhardt. (Berlin, 1875-1890).

T : GRUA (G.) : *Textes inédits* de Leibniz. (Paris, 1948).

JU : — : *Jurisprudence universelle et Théodicée selon Leibniz.* (Paris, 1953).

JH : — : *La justice humaine selon Leibniz.* (Paris, 1956).

Op : COUTURAT : *Leibniz, opuscules et fragments inédits.* (Paris, 1903).

Log : — : *La Logique de Leibniz.* (Paris, 1901).

1. Renvoie, vraisemblablement, à la *Confessio Naturae contra Atheistas,* écrite dans les premiers mois de 1668, et publiée (avec des erreurs) à l'insu de Leibniz, en 1669, par Theoph. Spitzel : *de Atheismo erandicando...,* etc., cf. E. RAVIER : *Bibliographie des œuvres de Leibniz* (Paris, 1937), sous le n° 254. Elle traite bien, en effet, — mais dans l'ordre inverse — des deux thèmes ici indiqués. Cependant, on ne peut s'en tenir à elle. En 1668 Leibniz a entrepris ses *Demonstrationes Catholicae* (1668-1669) — P. IV, 105-106 — dont la *Pars II* aborde la démonstration de l'immortalité de l'âme, et la *Pars I* celle de l'existence de Dieu. Il reste préoccupé de ces problèmes. Le 21 mai 1671, il écrit au prince Jean-Frédéric de Hanovre (Ak. II, 1, 108) qu'il lui envoie (*ibid.,* 110-114), avec un essai *De Resurrectione Corporum* (115-117), un *Discours,* qu'on lui avait demandé autrefois (auff begehren), *De Usu et necessitate Demonstrationum immortalitatis Animae,* en lequel il a synthétisé ses démonstrations sur la nature de Dieu et de l'âme. C'est vers la même date qu'il rédige *Von der Allmacht und Allwissenheit Gottes und der Freiheit des Menschen* (1671) — Ak. VI, 1, 537-546 — dont semble s'inspirer la Lettre à Magnus Wedderkopf, qui annonce l'essentiel de notre *Confessio.* En bref, le *satis superque* et le *nuper* qui ouvrent

notre dialogue renvoient, le plus probablement, aux efforts de démonstrations iréniques sur l'existence de Dieu et l'immortalité de l'âme, qui se sont poursuivis pendant toutes les années de Mayence et auxquels la rencontre avec Arnauld pouvait donner une application particulière. Désormais les difficultés de la prédestination et de la justice divine passent au premier plan. Notre dialogue en témoigne.

Foucher de Careil (cf. p. 13) et, avant lui, F. Bonifas (cité par Saame, p. 135), *Étude sur la Théodicée de Leibniz,* Paris, 1863, ont supposé, sur la phrase initiale de la *Confessio,* qu'une première partie, consacrée à l'immortalité de l'âme, aurait été perdue. Le renvoi aux travaux de Mayence affaiblissent cette hypothèse. A ce propos, pourtant, O Saame (p. 38, note 2 de son édition ; ici, p. 34) remarque le mot *Fragmentum,* « probablement écrit plus tard » (wohl später), en projet de titre : *Fragmentum Dialogi de Humana libertate et justitia Dei.* Mais le même mot se retrouve, là aussi en projet de titre, au début du manuscrit B : *Fragmentum colloquii inter Theophilum et Epistemon. De justitia Dei circa praedestinationem aliisque ad hoc argumentum spectantibus.* L'existence du manuscrit B prouve, par le fait même, que, sans doute après les discussions avec Sténon, Leibniz a *fragmenté,* sans qu'on sache pour qui ni pourquoi, sa *Confessio,* au début de 1678, et ce serait à cette date — c'est-à-dire, en effet, « plus tard » par rapport au manuscrit A — qu'aurait été ajouté l'intitulé : *Fragmentum Dialogi...*

Au total, nous aurions trois titres, d'ailleurs subordonnés à un quatrième, que souligne d'entrée le Théologien catéchiste, *De justitia Dei,* la future *Théodicée :* 1. *Confessio Philosophi,* datable de 1673 ; 2 et 3, le *Fragmentum Dialogi...* et le *Fragmentum Colloquii...,* datables de 1678.

2. Jag : Ces mots sont soulignés deux fois dans le manuscrit.

3. La métaphore reparaît p. 74. On la retrouve, plus développée, dans le *Dialogus inter Theologum Scepticum Misosophum,* T. p. 18. Tandis que la théologie révélée traite du concours surnaturel, la théologie révélée traite du concours surnaturel, la théologie naturelle a pour objet, selon Leibniz, d'expliquer *conformément à l'Écriture,* la Justice divine, la liberté humaine, le destin *(fatum),* le principe du mal, la cause et la transmission du péché, la corruption humaine, l'origine de l'âme, la différence entre les hommes (leur individuation), la raison de l'élection ; à quoi s'ajoute la démonstration de la *possibilité des Mystères* (Transsubstantiation, Trinité). Dieu est caché. Par suite du péché, nous ne pouvons le contempler directement. Ainsi en va-t-il du soleil que nous ne pouvons regarder qu'au travers d'une lame d'eau ou d'une vitre colorée ; et le voile qui recouvre le Tabernacle symbolise cet état de chose. Nous contemplons Dieu non face à face, mais *in speculo vel aenigmate* (même formule chez Saint Anselme, *Monologium,* LXX). L'Écriture Sainte fait fonction de la lame d'eau ou de la vitre colorée. Nous pouvons raisonner sur l'enseignement scripturaire (par

exemple sur le mot de Saint-Paul : Dieu veut sauver tous les hommes). Nous ne devrions cesser de raisonner que si Dieu cessait d'être sage et l'homme d'être raisonnable. Notre droit d'établir une Théologie *positive* — au lieu de nous réfugier, avec Descartes, dans une théologie *négative* — se fonde, pour Leibniz, sur la croyance que Dieu n'a pas institué en nous le principe de non-contradiction, mais que ce principe, incréé, est le principe de toutes choses.

4. JU, p. 261 : les attributs divins se résument, pour Leibniz comme pour Malebranche, dans la puissance et la sagesse : « Parfois la seconde place du couple est donnée à la bonté, alors assimilée à la sagesse, tandis qu'elles sont distinguées et unies quand il faut définir ou évoquer la justice divine. » Nombreuses réf. dans les notes : en partic., jusqu'en 1673 : *Nova Methodus*, 1667 et révision VI, 1, 344 ; *Confessio naturae*, 1668, VI, 1, 492 ; *Dem. Cath.*, 1669, VI, 1, 495 ; à Spizel, fév. 1670, I, 1, 85 ; *de judice controversarium* et *von der Allmacht*, 1671, VI, 1, 553, 537 ; *Grundriss*, 1671, IV, 1, 531-532. (Réf. à éd. Acad. pruss. Sciences).

5. JU, chap. V, § 3, en partic. p. 206. Cette définition de l'amour est constante depuis *Specimen Demonstr. politicarum* de 1669 (cf. T, 10, note 17). — Inventaire des textes leibniziens sur l'amour, dans E. NAERT : *Leibniz et la querelle du pur amour* (Paris, 1959).

6. JU, 242. En 1676, le plaisir sera défini : sentiment de perfection, *ibid.*, 203.

7. JU, 142, 202, 210, 219-220 et 330 sq. l'harmonie, quelquefois proprement consonance musicale, est « définie plus souvent unité, identité ou simplicité d'une multitude, diversité ou variété, parfois même entre contraires, comme dissonance et consonance, ombre et lumière, péché et peine, mais de préférence par une gradation continue ». Nombreuses réf. en notes.

8. T. 241, 592. JU, 203.

9. Je traduis : « tous les hommes », conformément à la lettre de Saint Paul à Timothée 2, 3-4 : « ... *hoc enim bonum est, et acceptum coram Salvatore nostro Deo, qui omnes homines vult salvos fieri, et ad agnitionem veritatis venire* ». [« ... θεοῦ, ὅς πάντας ἀνθρωπους θέλει σωθῆναι ... »] Toutefois on pourrait traduire : « tous les esprits ». Plus lion, p. 106, le mot *esprit* sera préféré au mot *âme* : « *Quid ? nisi animas quoque seu ut appellare malo, mentes...* ». Sans avoir pris encore parti sur l'âme des bêtes, Leibniz ne laisse pas de distinguer, certainement sous l'influence de Descartes, les âmes, principes de vie *(animae)* et les âmes, principes de pensée réflexive *(mentes)*.

10. Entre autres, après avoir changé le sens des mots, Saint Augustin, Saint Thomas. Et Arnauld dont le théologien est peut-être le porte-parole supposé (voir ci-dessus, notre Présentation).

Jag : Au lieu de cette phrase, Leibniz avait écrit : *mais par quel*

argument me convainquez-vous de cette sentence niée par tant d'autres.

11. Ensuite il était écrit, mais barré : *comme je le montrerai ensuite. Or, on prouve cette sentence...*

12. T. 11 : « *Pulchrum est cujus contemplatio jucunda.* » Sur beauté et harmonie — presque confondus — JU, 335-336. Sur le principe d'harmonie dans les *El*, voir A. Rivaud : *Textes inédits de Leibniz publiés par M. Ivan Jagodinsky*, Revue Méta. Mor. janvier 1914, p. 97-98.

13. Virgile, Georgiques, II, 458. On notera que les mots *bona* et *sua* sont intervertis dans la citation.

14. JU. 330, 68. T, 15.

15. Définition d'apparence cartésienne (cf. ci-dessus note 9), mais déjà Leibniz vient de définir le corps, dans sa *Theoria motus abstracti*, 1671 : « *Corpus mens momentanea seu recordatione carens* » (P. IV. 230).

16. JU. 448.

17. T. 271 : « *Quemadmodum Musicus non vult dissonantias per se, sed per accidens tantum...* ». En note (33) Grua renvoie à notre texte dans l'éd. Jag. (ici, p. 32, 44, 48, 52, 62, 64, 104). — Id. J. 360 n. 113.

18. Jag : Au lieu de cette longue incise de la main de Leibniz, il y avait auparavant dans le texte : « *Mais voyez à satisfaire avec un égal bonheur aux difficultés. — PH. Lesquelles ?*

19. St-Paul, *Rom.* IX, 20-24 : « *Numquid dicit figmentum ei, qui se finxit* (τὸ πλασμα τῷ πλασαντι) : *Quid me fecisti sic ? An non habet potestatem figulus ex eadem massa* (ἐκ τοῦ αὐτοῦ φυράματος) *facere aliud quidem vas in honorem, aliud vero in contumeliam ?* (ὅ μὲν εἰς τιμην σκεῦος, ὅ δὲ εἰς ατιμίαν) *Quod si Deux volens ostendere iram, et notam facere potentiam suam, sustinuit in multo potientia, vasa irae, apta in interitum, ut ostenderet divitias gloriae suae in vasa misericordiae, quae praeparavit in gloriam...* ».

20. Dieu est la raison dernière des choses : c'est-à-dire, à la fois, par son Entendement, de leur essence, et, par sa Volonté, de leur existence. Voir JU p. 294 sq.

21. Jag : Ensuite, dans le texte, venait la phrase suivante, barrée par Leibniz : *Avant tout, il faut concéder que rien n'est sans raison, c'est-à-dire...* En face, dans la marge, de la main de Leibniz, d'une encre appuyée, était écrit, manifestement pour être placé au-dessus de la première phrase du feuillet, en titre particulier : *Fragment de dialogue sur la liberté humaine et sur la justice de Dieu.*

La première phrase du folio 7 recto est : TH. *Ergo distinctius agamus.*

22. Cette réponse du Philosophe est traduite par W. KABITZ : *Die Philosophie des jungen Leibniz...* (Heidelberg, 1909), p. 37, pour marquer un progrès dans la formulation du principe de raison suffisante. Kabitz vient d'invoquer (p. 36) la *Confessio Naturae...*, P. IV, p. 107, où apparaît ce principe (1668), qui se précise dans la *Theoria Motus Abstracti*, 1671, P. IV, p. 232 : « *Hic est velut apex rationalitatis in in motu...* » : la composition du mouvement n'obéit pas seulement à l'axiome : *le tout est plus grand que la partie*, mais encore au très noble principe *(ex nobilissimo illo)* de raison suffisante qui a pour conséquences : il faut changer le moins possible, il faut choisir le milieu entre les contraires, il faut compenser toute soustraction par une addition, — *multaque alia, quae in scientia quoque civili dominantur.*

23. Nous ne traduisons pas *requisitum* par *condition*, parce que Leibniz a fini par faire de ce terme un terme leibnizien. Il le définit : *Requisitum est suspendens natura prius. <vulgo causa sine qua non>* », Couturat, Op, p. 471 ; « *Requisitum est sine quo res esse non potest, aggregatum amnium requisitorum est causa plena rei* », T, p. 267.

24. Les étymologies, de style varronien, que propose ici Leibniz sont fantaisistes : *curae, curiositas* sont réellement apparentés, sans qu'on sache s'ils viennent de *cur* ; en ce qui concerne *quaerere*, ce mot n'a pas d' « étymologie connue » pour les linguistes. — Nous devons ces renseignements à l'obligeance de M. le Professeur Schilling, de l'Université de Strasbourg.

25. Ce qui revient, semble-t-il, à appliquer le principe de contradiction aux vérités nécessaires, et le principe de raison aux vérités contingentes. Sur les hésitations apparentes de Leibniz qui soumet au principe de raison tantôt les seules vérités contingentes, tantôt toutes les vérités, voir Couturat, *Log*, p. 216 sq, et notre *Leibniz critique de Descartes*, chap. VI.

26. La qualité ne concerne donc pas les seules « qualités sensibles » au sens commun du terme mais aussi, en un sens plus large, le « sentiment » *(sensus* signifie souvent *conscience)* que la pensée a d'elle-même. Par ex., *Nova Methodus...*, 1667, VI, 1, 286 : « *Circa hanc igitur qualitatem sensibilem quae dicitur cogitatio versatur Logica, post metaphysicam nobilissima scientiarum.* »

27. Jag : Il y avait d'abord : « *Je le dis hardiment.* »

28. Cf. plus loin, p. 40, principe de raison et preuve de l'existence de Dieu.

29. Cette haine contre Dieu n'est essentielle qu'au péché mortel ; le péché véniel, on le verra plus loin, p. 62-64, n'est imputé qu'à l'imprudence. Cf. J. H. p. 72 sq.

30. En face, dans les marges, se trouve cette remarque : *Objection : ceci est supposé. Pourquoi l'âme ne pourrait-elle pas percevoir les conditions de lieu où elle se trouve ? Réponse : comment le pourrait-elle ci ce n'était pas les sens du corps ?*

31. *Objection : Ceci encore est supposé, car pourquoi ne pourrait-elle se représenter en même temps toutes les pensées de sa vie entière ? Mais il semble qu'on dise une chose et qu'on en désigne une autre et, plutôt, qu'il ne faille appliquer aux dernières pensées rien de plus que ceci : lorsque ce corps, cet étendu dont nous avons parlé, est dissous et que cesse cette disposition du mouvement, toutes les pensées cessent, à savoir : lorsque la combinaison corporelle est défaite il n'y a plus d'opinions. Mais combien d'hypothèses n'y a-t-il pas dans ce système ? Qu'estce que cette manière de philosopher ? Réponse : cela est ergoter contre l'intention manifeste de l'auteur.*

Dans ces *Marginalia* Leibniz utilise les abréviations*Rs* (= Réponse) et *RRs* (= réponse à la réponse). Nous traduisons : *Objection, réponse* (parfois : *réplique*).

32. Ainsi *misère* et *damnation* sont synonymes. On lira dans les *Nouveaux Essais*, II, XXI, 41-42, P. V. 179 : « Le bonheur et la misère sont des noms de deux extrémités dont les dernières bornes nous sont inconnues... Ainsi le bonheur pris dans toute son étendue est le plus grand plaisir dont nous soyons capables, comme la Misère, prise de même est la plus grande douleur que nous puissions ressentir ». — Rapprocher de ce qui va être dit, p. 38-40, sur la désespérance. Tout ce raisonnement sera repris, en résumé, p. 82-84.

33. En face, dans les marges, se trouve cette remarque : *Objection : cela aussi est supposé puisque, à l'opposé, presque tous les hommes, à l'origine de leur conversion craignent Dieu servilement, le présument disposé à leur nuire, au moins temporairement, sont cependant amenés par cette voie à une parfaite confiance en son amour. Réponse : ceux qui craignent Dieu servilement, ceux-là ne l'aiment pas, ils ne sont donc pas encore en état de grâce. Ce n'est donc point par cette voie qu'ils sont conduits au salut.*

34. En face, dans les marges, se trouve cette remarque : *Pour Luther, on ne peut rien dire de mieux approprié que : par la foi seule. Mais je souhaiterais le prouver philosophiquement. En effet, j'ai vu se croire, de la façon la plus constante, élus, des hommes de mauvaise vie que, s'ils étaient morts dans cet état, tout le monde aurait cru, à bon droit, damnés. — Réponse : ici encore il y a équivoque : personne ne peut se croire réellement cher à Dieu, si Dieu ne lui est pas cher. Ajoutez qu'il ne suffit pas que quelqu'un se croie cher à Dieu, s'il ne se croit à ce point cher à Dieu parce qu'il l'aime.*

En disant que celui qui se croit cher à Dieu se fait élu, Leibniz pense donc à Luther : seule la foi sauve. Mais, commente Grua, « au

lieu d'une miséricorde révélée, c'est le système optimiste qui fonde cette confiance, la grâce étant réservée », J. H. 195. Comme le système optimiste est, lui-même, fondé sur un rationalisme, on comprend que Leibniz veuille prouver philosophiquement la thèse luthérienne.

35. J. H., p. 195 : « Judas est condamné pour son désespoir, haine de Dieu ou crainte servile, parce qu'il se croit haï de Dieu. Il est pénitent en ce sens luthérien primitif, parce qu'il a conscience de son péché, et désespère. » *Amor* et *contritio* sont ainsi solidaires.

36. En face, dans les marges, se trouve cette remarque : *Objection : mais entre tous les requisits nécessaires à la damnation de Judas, si l'on pose en Judas, prévue par Dieu, la libre volonté de trahir le Seigneur, au moment où il pourrait ne pas trahir, la permission de Dieu concourt, en vérité, aux réquisits nécessaires, mais la raison dernière sera la libre volonté prévue elle-même soit de la dénonciation elle-même, soit de la négligence par laquelle il n'a pas tenu compte de la pratique de mortification prescrite par le Maître à propos des principes d'admission, d'où l'avarice non mortifiée, réprouvée par le Maître, associée à la vengeance, a enfin produit la dénonciation. Réponse : Plutôt, l'auteur a posé, parmi les réquisits, la volonté, mais il a cherché les réquisits de la volonté elle-même. C'est pourquoi il est absurde que la volonté libre soit la raison ultime, puisque la volonté libre elle-même a ses propres réquisits, et, en effet, ce n'est point un être par soi.*

37. Avec ces métaphores de lumière dans les ténèbres se prépare le thème de l'endurcissement qui sera développé plus loin, p. 74. Cf. n. 119.

38. L'emploi du mot *série* pour désigner l'enchaînement des choses remonte aux Stoïciens qui se sont amusés à vouloir tirer εἱμαρμένη de εἱρμος « enchaînement ». D'où Ciceron : *fatum autem id appello quod Graeci* εἱμαρμενην *id est ordinem seriemque causarum, cum causa causae nexa rem ex se gignat.* (*De div.* 1, 55, 125. Pour plus de précisions, voir A. Yon, Introd, au *de Fato*, les Belles-Lettres, Paris, 1933, p. XII). — Discussion de la formule ciceronienne par Saint-Augustin, *De Civitate Dei*, V, VIII. Mais c'est ici la première fois que Leibniz, qui, sur les conseils de Huygens, s'initie au calcul des séries, applique la notion mathématique de série au cours des choses. Il va de soi que si, dans une suite, on changeait un seul nombre, il faudrait par là même, pouvoir changer la *raison* de la série. Analogiquement, Dieu serait autre si un événement du monde était autre.

Pour prendre place ici probablement, on a ajouté en marge les remarques suivantes : *Objection : Dieu posé, il est certain que la la série totale des choses est posée, etc., en tant qu'elles sont dans l'idée de Dieu, c'est-à-dire en tant que possibles ; mais en tant qu'existantes en acte, cela n'est pas certain, parce que [l'auteur] n'a pas encore démontré que d'autres séries de choses ne sont pas possibles,*

beaucoup moins a-t-il démontré que des séries d'autres choses ne sont pas possibles. — Réponse : C'est comme si l'on disait : Dieu n'est pas la cause suffisante des choses. Des séries d'autres choses sont possibles en soi, mais elles sont incompatibles avec la sagesse divine.

39. Cf. T. 308 : Dieu n'est pas la cause du mal ou du péché « *etiamsi realitas physica in malo non posset non, ut alia Entia omnia, a Deo pendere* ».

40. Viennent ensuite deux phrases barrées *: Je comprends, mais prenez garde à ne pas vous contredire. PH. : Je m'y appliquerai.*

41. Allusion à la doctrine cartésienne de la création des vérités éternelles, que Leibniz ne cessera de critiquer, car elle rend l'idée de volonté contradictoire, et conduit au spinozisme. Les vérités mathématiques sont d'une nécessité absolue même pour Dieu. D'où aussitôt, en exemple, une vérité arithmétique : $3 \times 3 = 9$. C'est à Paris, au moment de notre dialogue, que Leibniz démontre (ou croit démontrer) contre Descartes qu'il ne peut y avoir de « plus grand nombre », et, par suite, l'argument ontologique ne peut être achevé que si l'on démontre d'abord que l'idée de l'être parfait n'est pas contradictoire.

42. Il s'agit, comme on va le voir, p. 46, de la doctrine des Manichéens.

43. *Objection : Autre chose est que trois fois trois fassent neuf, c'est-à-dire que toutes les parties d'un même tout, prises ensemble, qu'on les considère soit comme neuf, soit comme trois fois trois, fassent le même tout, autre chose est que ce tout soit divisé en 9, en trois fois trois ou autrement. Dieu voit la première chose* [*l'essence*] *parce qu'elle est ; la seconde chose* [*les propriétés de l'essence*], *parce qu'il le veut. — Réponse : Il n'est ici question de rien d'actuel, mais d'harmonie abstraite. Mais il s'ensuivra plus tard quelque chose, à savoir qu'un tout est meilleur qu'un autre, donc qu'il ne l'est d'ailleurs pas parce que Dieu le veut, mais parce que Dieu le contemple tel, et de là, enfin, que la chose existe, parce que Dieu le veut ; mais Dieu la veut parce qu'il voit qu'elle est la meilleure ou la plus harmonique.*

44. *Blituri*, onomatopée du son de la lyre, se trouve dans Diogène Laërce, 7, 57 (où Robert Genaille, aux *Classiques Garnier*, le traduisait par : ra-ta-plan), Sextus Empiricus, *Ad. Math.* 8, 133, dans les *Stromates* de Clément d'Alexandrie et jusque dans Malebranche (*Entretiens sur la Métaphys.* II, § 7).

45. Dieu n'a pas créé les idées qui subsistent éternellement dans son intelligence : ainsi, par son existence éternelle, ces idées sont en lui éternellement. La volonté divine n'intervient que pour créer, c'est-à-dire produire hors de lui certaines choses dont il a l'idée. Elle intervient encore (voir note 43) pour considérer les diverses propriétés de

l'essence. Ici s'annonce le thème, développé plus loin, p. 84, de la vision béatifique, qui doit unir deux caractères d'apparence contradictoire, l'éternité de l'intuition et le progrès à l'infini (sans lequel, par définition, manquerait la béatitude à l'infini) de la vision renouvelée. D'autre part, Dieu n'ayant pas créé les vérités éternelles, celles-ci sont communes à son entendement et au nôtre : il en résulte que les principes de la justice doivent être les mêmes au Ciel et sur la Terre.

46. Le mot *couleur* (l'éd. Jag. écrit, par erreur, *colere*) désigne un argument, plus ou moins spécieux, de la défense. On le retrouvera p. 80 (: « *...poterine tunc ullo juris colore recurrere ad easdem querelas...* »), p. 82 (: « *Persuasisti, nullum excusandi colorem damnatis superesse, ...* »).

47. A la place de < > il y avait d'abord : *Si celles-ci sont inégales, on jugera qu'on a affaire à une dissonance, si elles sont équilibrées par une égalité, à une harmonie, en vertu de la définition posée au début.*

48. En face de cette phrase, en marge, la remarque : *Objection. C'est une chose que de pouvoir composer, de tel mélange de vertus et de vices, telle série de tel ensemble, de tel tout, c'en est une autre que d'imposer à des individus un par un ou de permettre à ceux qui les veulent chacune de ces vertus et chacun de ces vices. Comme c'est une chose que de pouvoir composer, de tel mélange de consonances et de dissonances, une harmonie, une autre que de prescrire à des personnes qui, chacune, les acceptent volontairement les consonances et dissonances qui leur sont propres, une autre encore que de les répartir grâce à des instruments agencés mécaniquement de telle sorte que, la première impulsion donnée, la série tout entière en découle ; lorsque la volonté n'a aucun instrument, etc. — Réponse : Comme si la volonté elle-même n'était pas un instrument complètement réglé, non certes mécanique. Si elle est ainsi la meilleure, la série totale des choses contient alors en elle les vertus et les vices de chacune des choses.*

La comparaison avec des instruments qui composent mécaniquement dissonances et consonances renvoie-t-elle aux applications de *l'Art Combinatoire ?* La machine à calculer était une de ces applications. On pouvait aussi rêver de machines combinant des lettres d'alphabet, des éléments d'une langue, des vers poétiques, des couleurs, des stratégies, etc. Cf. notre édition commentée de « *Drôle de pensée, touchant une nouvelle sorte de représentations* », dans la *Nouvelle Revue Française,* 1er octobre 1958, p. 754-768.

48 *bis.* C'est que Dieu ne choisit pas une à une les choses à produire, et comme par volontés séparées, mais par un décret unique portant sur l'ensemble le plus harmonieux.

49. *Réponse : l'univers est en quelque sorte l'image de Dieu, cette image étant unique. — Réplique : On fait bien d'ajouter « en quelque*

sorte ». En outre, puisqu'on n'a pas démontré encore que l'univers est l'image de Dieu, on n'en peut rien inférer.

50. Allusion à Hobbes dont Leibniz a écrit dans le *De Arte Combinatoria* (P. IV. 64) : « *Profundissimus principiorum in omnibus rebus scrutator TH. Hobbes merito posuit omne opus mentis nostrae esse* computationem, *sed haec vel summam* addendo *vel* subtrahendo *differentiam colligi : Elem. de Corp., p.* 1, *c.* 1, *art.* 2. »

51. A ce passage se rapportaient les remarques faites en marge : *Objection : Si Dieu n'est rien que tous les requisits pour l'existence de cette série pris ensemble, l'argument est valable, mais cela n'est pas encore démontré ; or, s'il y a dans l'idée de Dieu d'autres séries infinies de ces choses et des séries d'autres choses, il n'est pas valable. D'où Dieu étant posé, il ne s'ensuit pas que cette série-ci de ces choses-ci soit posée, parce que d'autres peuvent être posées ; par là, on nie que cette série soit posée nécessairement, non comme si l'on cherchait une autre condition qui fût indépendante de Dieu, mais parce que, s'il n'avait pas posé cette série, il aurait pu en établir une autre. D'où il n'est pas vrai que si A est, B est aussi, mais C, ou D, etc., peut être. Beaucoup moins est-il vrai que si B n'est pas, A non plus ne sera pas. Ou, mieux, si nous distinguons entre les idées des choses et les choses existant en acte en dehors d'elles, il s'ensuit bien que, posé A, toutes les séries possibles des choses sont posées dans l'idée de Dieu, mais il ne s'ensuit pas que telle série plutôt que telle autre soit nécessairement posée en acte hors de ces idées, ou qu'aucune série soit posée. — Réponse : On ne pose une série en posant Dieu que parce que suprêmement sage, il ne veut que le meilleur. Toutes les idées possibles sont dans l'esprit de Dieu, mais une seulement sous la considération du meilleur.*

52. L'emploi de la contraposition pourrait être inspiré par Ciceron, *de Fato,* auquel Leibniz songe certainement (p. 58) à propos du sophisme paresseux. Chrysippe usait, en effet, de propositions négatives, pour tenter d'échapper à la nécessité brute des conséquences (VIII, 15-16). En outre, l'emploi de propositions négatives semble ici préparer la preuve que Dieu veut la non-existence des péchés (p. 60).

53. *Adamantina demonstratio* = d'acier ou dè diamant. Même image dans *Von der Allmacht und Allwissenheit Gottes* de 1671 : « Andere bemühen sich unterm Vorwand des Menschlichen Freyen Willens die *adamantine* Kette der aus einander folgenden Ursachen zu zerreissen,... » VI, 1, 545.

54. Contrairement à ce qui a lieu souvent chez Descartes — voir ci-dessus note 41 — toute volonté pour Leibniz est volonté de quelque chose, c'est-à-dire : la volonté se définit, non pas comme puissance nue de libre-arbitre, mais comme cette puissance dans son rapport de subordination à l'entendement. Par suite, la volonté ne peut plus être, conformément à la tradition socratique, que tendance au meilleur. En ce sens, la définition de la volonté (p. 54) rejoint celle de l'amour (p. 28).

55. Première formulation : *universelle, non des parties, mais par laquelle seule Dieu est réjoui.*

56. Jag. Ensuite venaient les mots suivants, barrés : *mais nous aborderons plus loin ces questions, avec plusieurs autres.*

57. Il semble qu'en écrivant : Oportet *scandala evenire,* Leibniz veuille infléchir en nécessité hypothétique les expressions bibliques. Matt. 18.7 : « *Necesse est enim ut veniant scandala* » — (ἀνάγκη γὰρ ελθεῖν τά σκανδαλα). Ce que Luther traduit : « Es muss ja Argernis kommen... » ; et la trad. française entreprise sous la direction de l'École biblique de Jérusalem : « Il est fatal certes qu'il arrive des scandales. » — D'autre part, Luc 17.1 : « *Impossibile est ut non veniant scandala* » (ἀνένδεκτόν εστιν τοῦ τὰ σκάνδαλα μῆ ελθεῖν). Luther : « Es ist unmöglich, dass nicht Argernisse kommen.. » Trad. fr. : « Il est inévitable que les scandales arrivent. » Cf. T. 273 : « *Cum dicitur* « *oportet* », *id est necesse esse...* »

58. La définition — « énumération des réquisits », sera-t-il précisé à la p. 68 — a pour tâche de remédier à la subjectivité de l'intuition cartésienne par un formalisme objectif. Cf. notre *Leibniz critique de Descartes,* chap. III.

59. Valerius Cordus, de son vrai nom Eberwein, né le 18 février 1515 à Simtshausen (Hesse), mort le 25 septembre 1554 à Rome. Botaniste. Connu par son commentaire des *Dioscorides.* Œuvres publiées à Strasbourg en 1569. Leibniz le cite à propos de la fleur de figuier, Couturat, *Op,* p. 453.

60. Johannes Zwelfer (1618-1668) a écrit une *Pharmacopeia regia seu dispensatorium novum, locupletatum et absolutum,* Augsburg 1653, contre laquelle L. Schroecker a publié une *Pharmacopeia Augustana restituta, sive examen animadversionum in Dispensatorium Augustanum,* dont le British Museum possède une édition de 1673. Nous devons ces renseignements à l'obligeance de feu le professeur Erich Hochstetter.

61. Urbanus Regius, ou, mieux, Rhegius (1489-1541), a écrit quelque cent ouvrages, qui ont été publiés par son fils, Ernst, en 3 vol. in f° d'œuvres en latin (Nüremberg 1561), 4 volumes d'œuvres en allemand (Nüremberg 1562, Francfort 1577). Renseignements dus au Professeur Hochstetter.

Bayle, dans son *Dictionnaire,* 4e éd. Amsterdam et Leide 1730, t. IV, pp. 38-41 le fait naître à Langenargen, sur le lac de Constance, et mourir à Cell. Il retrace sa carrière, sa conversion au luthéranisme et parle de ses œuvres d'après le catalogue d'Oxford : *Urbani Regii Vita et Opera latine reddita per Ernst Regium, Norib. 1562.* Résumant partie de cette œuvre d'après Melchior Adam *(de Vitis Theologorum),* Bayle fait mention nommément « du livre où notre Urbain avait recueilli les phrases dures, et celles qui sont exactes. Celles-là ne servent qu'à semer la division, celles-ci sont propres à la piété et à

la concorde. Le Prince Ernest de Brunswic lui fit faire ce Recueil, et ce fut un témoignage de sa prudence et de sa piété ; car les expressions trop crues, et trop véhémentes sont comme les dents du dragon de Cadmus ; une semence de guerre entre les frères... C'est à quoi ne prennent point garde les faiseurs de formulaire, quand ils ont plus de dévotion que de jugement, ou plus de bile et de vanité, que de véritable dévotion. Ils ne ménagent rien, ils ne se piquent que de *rigorisme...* » (p. 40, note E).

Jag. Ici [après le nom de Regius] *une partie de page déchirée.*

62. On vient de voir, note précédente, comment Leibniz s'appuie sur la précision des descriptions ou définitions scientifiques — du botaniste Cordus, du pharmacien Zwelfer — pour demander, avec Regius, une précision semblable en théologie. Cette exigence n'est pas propre à Leibniz : toute controverse, en particulier juridique ou théologique, s'en réclame : Malebranche l'invoquera contre les mésinterprétations auxquelles peut prêter le langage figuratif de la Bible (Dieu s'est *repenti,* mis en *colère,* la force *de son bras*) ; « Mais ces expressions, ou semblables ne sont point permises aux Théologiens, lorsqu'ils doivent parler exactement. » *Traité de la Nature et de la Grâce,* I, XI. Cela dit, aussitôt, XIII, XIV, Malebranche se met à comparer Dieu à un ouvrier et la Grâce à la pluie.

On notera la plus grande rigueur formelle de Leibniz. Au surplus, l'art de bien formuler sa pensée s'identifie de plus en plus, chez notre philosophe, à l'art de la Caractéristique combinatoire : « L'art des combinaisons... signifie chez moi, autant que la science des formes ou formules, ou bien des variations en général, en un mot c'est la spécieuse universelle ou la charactéristique... » Couturat : *Op.* p. 531, p. 37. Cf. *Log* p. 288 sq.

Sur l'application de la formule exacte nécessaire dans tout contrat, voir plus loin, p. 98, l'apologue de l'ermite.

Sur la supériorité de la langue allemande pour dissiper les notions chimériques, voir *von der Allmacht...* 6, VI, I, 538 : l'allemand permet, par exemple, de distinguer *Es muss seyn,* et *Es soll seyn* (Ibid. 541).

63. Jag. Le mot *Deus* est souligné deux fois dans le manuscrit.

64. Jag. Une variante barrée : *qu'à ceux qui s'infligent les châtiments la consonance devient plus admirable (en vertu de la définition, posée en commençant, de l'harmonie) ; en conséquence...*

65. Jag. En face, en marge, se trouvait la remarque suivante : *Objection : peuvent exister. Ceux qui peuvent résister à sa volonté et lui résisteront en acte seront donc contraints à subir le châtiment de leur désobéissance.*

66. Jag. Il y avait d'abord : *de ces mots.*

67. Allusion possible à la formule de droit romain : *quasi contractus.*

68. En dépit des apparences, la formule n'est pas cartésienne. La clarté se rattache à la possibilité d'une définition non-contradictoire. A Paris, Leibniz élabore, contre Descartes, la critique de la notion de « plus grand nombre » — fin 1672, il vient d'envoyer à Jean Gallois son *Accessio ad Arithmeticam infinitorum,* II, I, 222 sq — qui l'amènera (1678) à sa doctrine de la définition réelle.

69. En face de cette phrase, en marge, cette remarque : *Objection : à quoi sert-il que cela ne me semble pas nécessaire, si en fait c'est nécessaire ? En outre, si l'on considère qu'à partir de l'objet et du tempérament je serai nécessairement déterminé à pécher, conformément à l'idée de Dieu, autre chose est pécher nécessairement parce que Dieu a prévu que je choisirai librement le péché, autre chose pécher parce que, sans être élu, j'ai été contraint de pécher. — Réponse : autre chose est le nécessaire, autre chose le certain comme les futurs prévus par Dieu. Je ne suis pas déterminé nécessairement. Mais que cette certitude naisse de l'idée de Dieu ou bien de la présence de Dieu, qu'importe à l'affaire ? Si la liberté répugne avec la certitude, rien n'est libre, ce qui est absurde.*

70. Sur cette liaison de l'amour et du vouloir, cf. note 5, et T. 515. C'est parce que la volonté implique l'amour, que la volonté divine est bonté.

Jag. En face de cettre phrase, en marge, cette remarque : *Objection : comme si les actes de la volonté ne pouvaient se distinguer de la perception du plaisir et de la douleur. — Réponse : si [mon objecteur] entendait la nature de la volonté, il avouerait qu'elle implique cette perception.*

71. Ainsi la seule prévision n'entraîne aucune nécessité absolue. Ni donc la détermination. Ni, non plus, les causes et inclinations antécédentes. Il ne s'agit toujours que de nécessité hypothétique. Cette solution au problème de la liberté, trouvée — note Grua — avec la *Confessio,* sera résumée dans *Éléments de réponse à Jablonski* (janvier-mars 1698 ?) : « Denn weder die vorhehrsehung, noch die bestimmung oder auch selbst die vorhergehenden ursachen und neigungen eine philosophicam vel proprie dictam necessitatem (in opposito contradictionem implicante consistentem), sondern bloss und allein die unfehlbare gewissheit oder determinatam in se veritatem futurorum contingentium a priori machen koennen ». T. 421. Sur l'historique de la *permission du péché* — Saint-Augustin, Saint-Thomas, Luther, Calvin, le Concile de Trente, — consulter J. U. chap X, p. 349-357.

72. Jag. En face de cette phrase, en marge, cette remarque : *Objection : la réponse sera plus claire et plus distincte de la façon suivante, si nous disons, comme tout le monde, entendre par nécessaires les choses dont l'existence suit de l'essence. Et de cette manière il n'y a de nécessaires que les propositions hypothétiques et, entre les propositions absolues, celle-ci uniquement : Dieu est, ou la raison des choses*

est : d'où il est manifeste que les choses dont l'existence suit d'une autre raison ne sont pas nécessaires.

73. *Ex alterius hypothesi :* il nous semble plus clair de traduire : *de l'hypothèse inverse,* que *de l'autre hypothèse.* Leibniz part des propositions universelles comme hypothèses : de telles propositions peuvent être universelles affirmatives : c'est le cas dans les syllogismes en *Darapti*; dans l'hypothèse inverse, elles sont universelles négatives : c'est le cas dans les syllogismes en *Felapton.* Sur l'usage des propositions négatives, voir note 52. Sur les erreurs de la syllogistique leibnizienne qui concluait à la validité de 24 modes (au lieu de 19), voir Couturat, *Logique de Leibniz,* chap. I, en particulier p. 17-18 : Leibniz croyait à tort que l'on pouvait déduire de premisses universelles une conclusion particulière et de deux premisses affirmatives une conclusion négative.

74. Jag. Ce mot est barré deux fois dans le manuscrit.

75. Barré : *non pas l'existence (qui se ramène finalement à l'harmonie <universelle>).*

76. L'exemple étonne : car peut-on concevoir clairement et distinctement un animal imparipède ?

77. Selon C. A. Crucius, *Weg zur Gewissheit und Zuverlässigkeit der menschlichen Erkenntnis* (1747, §§ 242, 243, une proposition réduplicative est celle où l'on répète soit le sujet (par ex. : Une loi, en tant que loi, diffère d'une règle de sagesse), soit le prédicat (par ex. : les princes-électeurs élisent l'empereur, en tant qu'empereur) pour mieux en dégager l'essence. Pour Leibniz, la réduplication indique qu'aucun autre terme n'est substituable à celui que l'on a choisi ; au surplus, étant réflexives, les propositions réduplicatives renvoient à nos pensées, comme les propositions matérielles renvoient aux mots (*Op.* 403). Plus tard, dans son écrit *Pour l'histoire de la philosophie moderne* (trad. S. Jankélévitch, *Essais de Schelling,* Paris, 1946, p. 443), Schelling expliquera : « Le A posé comme A n'est par conséquent plus le simple A, mais *un* A qui *est* A, un A dont on ne peut plus dire qu'il est et qu'il n'est pas, mais qui *est* d'une façon décisive. A qui est A est A doublé par lui-même (dans la vieille logique, cette manière de poser le A, non *simpliciter,* mais avec un « *comme si* », s'appelait réduplicative ou *reduplicatio*)... ». Dans tous les cas, la réduplication est une détermination réflexive. Elle consiste, ici, à préciser que la nécessité des événements ne doit pas être posée *simpliciter,* mais conditionnellement.

78. Jag. en face de cette phrase, il y a cette remarque barrée : *il faut dire plus clairement : impossible ce dont l'essence est incompatible avec soi-même*; *non-convenable ou rejeté (telles sont les choses qui n'ont pas été, ne sont pas, ni ne seront) ce dont l'essence est incompatible avec l'existence ; avec l'existence, c'est-à-dire avec le premier des existants, ou encore avec ce qui existe par soi-même, c'est-à-dire Dieu.*

79. John Barclay (1582-1621), d'abord agent de Jacques Ier d'Angleterre, publie plusieurs écrits en sa faveur (*Funiculus triplex*, etc.). En 1603, donne un *Satyricon*. Reste connu surtout par l'*Argenis*, édité par Peiresc en 1622, roman qui devait inspirer *Télémaque*. Selon Guhrauer, *G. W. Freiherr v. Leibniz* (Breslau, 1846) t. II, p. 330, Leibniz relisait encore ce roman à son lit de mort.

80. Cette hérésie est, pour Leibniz, celle de Descartes lorsqu'il affirme (Princ. III, § 47) que la matière peut prendre toutes les formes dont elle est capable, ce qui revient à ne pas exclure les formes incompatibles avec la sagesse de la Création, c'est-à-dire la finalité. (Voir *à Philippi*, janvier 1680, P. IV, P. 283). En mars 1676, à Paris, Leibniz va traduire en abrégé le *Phédon* : il en retiendra les paroles de Socrate contre le mécanisme d'Anaxagore (cf. *Disc. Méta.* § 20). Désormais il s'opposera à Descartes comme Platon à Anaxagore. Sur la fin de sa vie, en 1715, Leibniz méditera encore sur l'impossibilité de cette hérésie, au sujet de l'hypothèse pythagoricienne de l'éternel retour. Voir, dans Max Ettlinger : *Leibniz als Geschichtsphilosoph* (München, 1921), pp. 25-34, le texte : 'Αποκατάστασις πάντων.

81. Jag. Au lieu de ce mot, il y avait : *contra*.

82. Depuis 1671 (T. 363), Leibniz attaque le sophisme paresseux : *Von der Allmacht*... §§ 7-8, VI, I, 538-539. La source est Ciseron, *De Fato*, XII, 28 sq : Chrysippe distinguait les faits simples et les faits solidaires *(copulata)* mais *copulata res est et confatalis ;* on retrouvera chez Leibniz cette idée de solidarité (Clarke l'accusera de fatalisme) : Carnéade objecte à Chrysippe la causalité du mouvement volontaire, et Leibniz transpose l'argument par la prescience des actes libres. D'ailleurs, dans le *De Fato* le problème du destin est lié à celui de la *divination* : Apollon lui-même peut-il prédire les événements à venir ? (XXXII, 32-33) : cf. plus loin, note 112, la transposition par Leibniz. — Sur le *Fatum*, on consultera l'article *Épicure* du *Dictionnaire* de Bayle (t. II, p. 375 a). — La solution de Leibniz du sophisme paresseux consiste : 1) à distinguer la nécessité brute de la nécessité hypothétique ; 2) et à inclure mon libre-choix dans la nécessité hypothétique : « S'il est prévu que je la ferai [la chose prévue], il est prévu aussi que je ferai ce qu'il faut pour cela, et si elle ne se fera pas à cause de ma paresse, ma paresse même aura été aussi prévue » (1777, T. 363). — L'application aux Mahométans est due, en grande partie, aux événements politiques : le projet d'expédition en Égypte apporté par Leibniz à Paris devait à la fois détourner Louis XIV de ses entreprises en Europe et déprimer la puissance des Turcs. — Sur le *fatum mahometanum*, cf. *Causa Dei*... 106-107, P. VI, 454-455, et *Quatrième Réponse à Clarke*, 13, P. VII. 391 : « Il y a fatum Mahometanum, fatum Stoïcum, fatum Christianum. Le destin à la Turque veut que les effets arriveraient quand on éviterait la cause, comme s'il y avait une nécessité absolue. Le destin Stoïcien veut qu'on soit tranquille : parce qu'il faut

avoir patience par force, puisqu'on ne saurait regimber contre la suite des choses. Mais on convient qu'il y a fatum Christianum, une destinée certaine de toutes choses, réglée par la prescience de la providence de Dieu. » — Pour Leibniz le *fatum Spinozanum* sera assimilé au *fatum Mahometanum :* et Descartes sera rapproché tantôt de Spinoza, tantôt des Stoïciens qui ne nous laissent qu'une patience sans espérance.

83. Jag. Ce mot souligné deux fois par Leibniz.

84. Barré : *ou, souvent, sans la Grâce.*

85. La Grâce, observe Grua, JH. 195, « semble consister ici à faire voir la nature divine, sans connaissance nécessaire du Christ », par la seule lumière naturelle. Cf. ici, p. 78, 110.

86. Jag. A cette place, en marge, une remarque : *Objection : Comme si Dieu ne pouvait ne pas vouloir sans douleur.* Un peu plus bas, il y a de la main de Leibniz, une autre remarque barrée : *Souvent « j'ai la nolonté » équivaut à « je n'ai pas la volonté », par exemple : « j'ai la nolonté de la mort du pécheur ».*

87. Expliqué par, ci-dessus, p. 48. Dieu ne veut pas les péchés *singulatim,* il n'en conçoit pas l'essence comme des choses positives ; il ne les admet que dans leur existence, incluse dans l'harmonie des choses.

88. *Inest deceptio ratiocinati.* On se rappellera que déception signifie illusion dans la langue du XVIIe : les déceptions d'optique.

89. Si la quantité d'agrément n'excédait celle du désagrément, l'optimisme serait impossible. Dans la mesure où le mot quantité peut être appliqué à la qualité, le mot excès a ici un sens mathémathique. Resterait à savoir si, dans le tout de l'univers, l'excès de l'agrément sur le désagrément est constant ou variable. Avril 1676 (*Elementa,* 127-128), Leibniz pose ainsi la question : « *Ipsum universum continuè crescitne in perfectione an ejusdem manet perfectionis, an diminuitur ? Videtur Mentium augeri semper perfectio in summa, corporum non augeri, frustra enim augeretur, atque haec vera est ratio a priori, cur eaedem semper maneant vires, eadem semper potentia non eadem... scientia nostra.* » Dans la doctrine définitive, en vertu de l'entr'expression monadologique, Leibniz penchera à conclure que tout accroîssement de perfection doit être compensé par un décroissement : voir T, 94-95.

90. Argument d'origine stoïcienne. Le désordre apparent ne se manifeste qu'à une vue partielle. Une vue partielle ne peut être que confuse, chaque perception enveloppant l'infini : a prévalu « *seriem, per quam plurimum oriretur distinctae cogitabilis* » (P. VII. 290). La perception parfaite de Dieu ne peut donc être que la perception parfaite du tout ; et Dieu choisit le meilleur tout. Or, il faut que ce tout ne se ramène pas à une somme de parties : sinon Dieu ne pourrait permettre le péché comme conséquence du tout (voir note 87). Le tout est qualitatif

(comparer *Théod.* §§ 212-213 et *Tentamen anagogicum,* P. VII, 272-273). Ainsi *totius velut configuratis* renvoie à, pour ainsi dire, la *Gestalt* du tout.

91. L'erreur du pécheur. Thème socratique de l'*omnis peccans est ignorans*. Mais dans la doctrine leibnizienne où toute perception enveloppe l'infini et où le sentiment est justement enveloppé, l'ignorance ne peut être totale. C'est pourquoi notre conscience nous prévient toujours : il nous suffit d'être attentif.

92. Jag. Ce mot souligné deux fois par Leibniz.

93. *Regimen mundi* : notion luthérienne qui oppose à l'extériorité du cours des choses et de la puissance des princes, l'intériorité de la foi. Cette notion se rattache au dualisme de la Cité des hommes et de la Cité de Dieu chez Saint Augustin. Ce dualisme commandait la bipartition de l'Histoire en Histoire sacrée et en Histoire civile — à laquelle, pourtant, Leibniz renoncera. (Cf. Werner CONZE : *Leibniz als Historiker,* Berlin, 1951, p. 39).

94. Jag. Il y avait d'abord : *de la volonté.*

95. Première formulation : *D'autre part, si la cause de la volonté c'est l'entendement, si la cause de l'entendement c'est la sensibilité, la cause du sentir...*

96. Jag. Au lieu de cela, il y avait d'abord : *n'est et n'intellecte point parce qu'il est, parce qu'il veut. Mais il veut être, parce qu'il est et intellecte.*

97. Jag. Cet ajout remplace les mots barrés : *Et cela est fort bien, mais qu'importe...*

98. Jag. Il y avait d'abord : *nous.*

99. Ici, Leibniz se souvient peut-être de la discussion sur la théorie épicurienne dans le *De Fato* IX, 18-20.

100. Jag. Il y avait d'abord : *vous avez démontré vous-même.*

101. Voir, ci-dessus, note 54.

102. Dès 1666 (Foucher de Careil : *Mémoire sur la Philosophie de Leibniz,* Paris, 1905, t. I, p. 11), Leibniz ne trouve « aucune autre notion claire de l'existence que celle d'être sentie » ; et l'existence est réelle lorsqu'elle est « sentie par un esprit infaillible dont nous ne sommes que les effluves *(cujus nos tantum effluvia essemus)*, c'est-à-dire par Dieu. » — De même ici, les choses n'ont d'existence réelle que par le rattachement de leur série à la pensée de Dieu : et l'harmonie est le caractère commun de la pensée et de l'être. Dans un texte de décembre 1675 (*Elementa philosophiae arcanae de summa rerum,* p. 14), Leibniz reprend : « *Esse nihil aliud esse quam percipi posse...* ».

103. Nous préférons traduire *harmonicus* par *harmonique* plutôt que par *hamonieux,* à la fois par allusion à certaines influences pytha-

goriciennes reçues par Leibniz dans son adolescence, et, surtout, afin d'insister sur l'intellectualisme de la doctrine. Cf. note 188.

104. Le vouloir du pouvoir entraînerait une régression à l'infini. La volonté n'est jamais définie par Leibniz que comme volonté de quelque chose, ce qui détruit la liberté d'indifférence. Cf. A Wedderkopf, mai (?) 1671, II, I, 117 ; T. 289, N. E. II, XXI, en particulier § 22, P. V. 167.

105. Au lieu de *bon*, il y avait d'abord : *harmonique.*

106. Cf. J. U. 140 ; T. 273, 291. La partie entre < > était d'abord : *et toutes choses existantes égales d'ailleurs, aussi bien dans que hors que hors de celui qui veut.*

107. Jag. En marge du manuscrit il y avait cette remarque : *Objection : Soit l'analyse des réquisits qui concourront nécessairement à mouvoir une chose privée de sentiment, et des réquisits qui concourent à ce qu'un homme meuve quelque chose ; à coup sûr, dans le premier cas, une fois posés tous les réquisits matériels du mouvement, nécessairement s'ensuit le mouvement, dans le second cas, une fois posés tous les réquisits matériels du mouvement dans ce corps et hors de ce corps, même alors le mouvement peut, en vertu du choix de l'esprit, ou ne pas avoir lieu, ou avoir lieu différemment, en plaçant parmi les réquisits matériels du corps aussi les représentations imaginatives. — Réponse : Je l'accorde en ce qui concerne les réquisits matériels, mais l'action libre requiert également des réquisits immatériels quoique, parfois (?), ces derniers soient en quelque façon requis pour le mouvement des choses matérielles.*

108. La définition aristotelicienne de la *spontanéité* ne s'applique, ici encore, qu'aux substances intelligentes. Voir J. U. 139-140. Elle est maintenue dans la *Théodicée*, § 290, P. VI, 289, de même que la définition aristotelicienne de la liberté par la spontanéité et le choix, § 34, *ibid.* § 122.

109. Voir plus haut, note 3, sur la comparaison avec la transparence optique.

110. Correspondant à cet endroit, des remarques sont inscrites en marge : *Objection : mais si, pour nous enquérir, le libre-arbitre est encore requis ? ou bien donc on vante vainement l'apport, le plus ample possible, de la raison, ou bien il faut admettre la liberté d'en user. — Réponses : comme si, véritablement, quelqu'un niait cette liberté d'en user. Je ne comprends pas les imaginations que mon censeur s'est forgées en lisant ce passage.*

Cette note répond à la censure de Sténon (?).

111. Le manuscrit comporte de nombreuses abréviations. Bien que *Praedic* (impératif) soit une lecture possible, il semble plus naturel d'y voir une abréviation de *praedicas.*

112. Nous avons rappelé plus haut, note 82, que le problème *de Fato* était lié à celui des paroles *de divinatione.* Les « oracles » sont des

« choses dites » et le mot *Fatum* vient de *fari* (voir A. Yon,, *Introd.* citée au *de Fato*). Saint-Augustin, au Livre V, IX, *De Civitate Dei* reproche à la thèse de Ciceron contre la devination, de détruire les prophéties : on peut accepter l'idée de *destin* mais seulement dans le sens où *fatum* vient de *fari*, parler *(neque fati vocabulo nuncupamus, nisi forte ut fatum a fando dictum intellegamus, id est loquendo)*, pour satisfaire à Psalm. LXII, 12-13 : *Semel locutus est Deus...* A propos du *Fatum christianum*, Leibniz écrira à Clarke dans sa *Quatrième Réponse*, P. VII, 391 : « *Fatum* est dérivé de *fari*, c'est-à-dire, prononcer, décerner ; et dans le bon sens, il signifie le décret de la providence. »

113. Ensuite, barré : *Mais s'il est vrai que ce qu'il profère aura lieu, pourquoi ne le pourraît-il pas ? Or je pourrai, moi, montrer bientôt que c'est faux. PH. : S'il est infaillible et s'il vous annonce ses prédictions, il sera aussi assez puissant pour changer votre volonté de le contredire. Mais ainsi il ne sera pas infaillible.*

114. Jag. Ici, probablement, une faute de Leibniz.

115. Barré : *toujours.*

116. Pour l'examen des causes procatartiques — *genus causarum sine quo* — avec lesquelles les Stoïciens constituaient la chaîne du destin, Ciceron, dans le *de Fato*, invoque les plaintes de la *Médée* d'Ennius (XV, 35). Ici, Leibniz invoque la *Médée* d'Ovide : le vers célèbre cité ici sera souvent repris par notre philosophe, par exemple *Théod.* §§ 154, 297 (P. VI, 201, 292).

117. Dans le coin de la page, le texte est difficile à déchiffrer. On a fini par lire *non* devant *ergo.*

118. Voir note 91.

119. La Grâce est définie comme appel à l'attention : à Wedderkopf, mai 1671, II, I, 117 ; T. 9 : « *Attentio seria, maximae gratiae donum...* » Cf. J. U. 362, 478.

Thème de l'endurcissement, préparé plus haut, voir note 37. Ici allusion à Matt. 13, 13-17 : « *Ideo in parabolis loquor eis : quia videntes non vident, et audientes non audiunt, neque intelligunt. Et adimpletur in eis prophetia Isaiae dicentis :*

Auditu audientis, et non intelligetis :
et videntes videbitis, et non videbitis.
Incrassatum est enim cor populi huius,
et auribus graviter audierunt,
et oculos suos clauserunt... »

On notera que le mot *induratio* n'est pas employé. Traduit-il *incrassatum* ? (ἐπαχύνθη γάρ ἡ καρδία) ?

120. Jag. A partir d'ici, en face de chacune des trois phrases du manuscrit, il y a, en marge, le signe : *nota bene.*

121. Même formule *Animad. in partem generalem Principiorum Cartesianorum* (1692), I, 31-35, P. IV. 362 où Leibniz renvoie, en outre, aux verbes allemand et français : *sich begreiffen, s'aviser.* Voir également *Nouveaux Essais,* II, XXI, 47, P. V. 182.

122. Jag. C'est sans doute à cet endroit que se rapportent les mots en marge. *Objection : choses faciles à écrire et à dire, mais comment devront-elles être conciliées avec le système ? Réponse : c'est signe que mon censeur n'a pas bien compris ce système.*
Même observation note 153.

123. Après *douteux,* il y avait : *cependant.*

124. C'est un gain pour les anges heureux de cesser de risquer la chute, commente Grua, JU, 115 ; ils sont déterminés au meilleur vrai et non pas au meilleur apparent ; cependant ils gardent la possibilité de détourner leur attention ; leur choix est à la fois libre et nécessaire, selon la tradition scotiste (*Ibid.* 148).

125. Nous n'avons pu trouver l'origine de cette croyance. Le *De Fato,* VII, 14, met en discussion, sur la prévision des oracles, la proposition : « Si tu es né au lever de la Canicule, tu ne mourras pas dans la mer. » Leibniz a-t-il pensé à l'allemand *Mondkind* ou *Mondkalb* qui désigne un enfant mal venu, masse informe de chair ?

126. *Ventum ad supremum est* une citation de Virgile, *Enéide,* XII, 803. L'exposé de la difficulté, dans la phrase suivante, se trouve presque littéralement dans *Von der Allmacht,* VI, I, 542.

127. *Mactatio,* comparez plus loin, p. 100, *mactatus hostis.*

128. De même que l'ombre ou la dissonance rend plus perceptible l'objet éclairé ou la consonance. Malebranche pose la nécessité du péché « pour établir cette variété de récompenses, qui fait la beauté de la céleste Hierusalem », et « afin que les hommes après avoir été éprouvés sur la terre, fussent légitimement comblés de cette gloire, dont la variété et l'ordre feront la beauté du Monde futur ». (*Tr. Nat. Gr.* I, XXXI, XXXII).

129. Le temps n'est pas une substance, il n'agit donc point. Ce qui dure, ce n'est pas la durée, c'est le sujet : *Cogitatio non est duratio, sed cogitans est durans* (avril 1676, *Elementa...,* p. 96). L'âme est indestructible parce que sa nature est d'agir (*ibid.* p. 126).

130. L'expression *vivus et videns* est de Ciceron, *Pro Sestio* 59.

131. Jag. Ici, en marge, une remarque : *Objection : mais cela ne lui est pas possible une fois posée cette série des choses. — Réponses : Je dis qu'il le peut s'il le veut ; or il ne le voudra pas ; ainsi mon opinion conclut exactement comme l'opinion commune, car, partout, Dieu a prévu que le damné ne voudra pas.*

132. Déjà dans *Von der Allmacht*, 1671, VI, I, 542 : la mauvaise volonté est toujours punissable, quelle que soit sa cause. De même dans *Théod.* §§ 67-73, P. V., 139-142, et 262, *ibid.* 274 : « Il n'y a point de justice qui doive se mettre en peine de l'origine de la malice d'un scélérat, quand il n'est question que de le punir : autre chose est, quand il s'agit de l'empêcher. L'on sait bien que le naturel, l'éducation, la conversation, et souvent même le hasard, y ont beaucoup de part ; en est-il moins punissable ? C'est la thèse déjà soutenue ici : voyez la réplique du Philosophe, à la page 80 : « Pourquoi ? si ce n'est que, dans tout jugement qui doit infliger une peine... »

133. Auparavant, il y avait au lieu de ce texte : *de même que (celui qui peut faire, d'après la règle 174 de droit <du Digeste>). Que celui qui peut pouvoir, déjà peut ; bien plus, c'est la même chose que vouloir pouvoir et pouvoir vouloir.*

134. Dans ces *alea*, il ne faut sans doute pas reconnaître un écho de préoccupations mathématiques : le *Catalogue* de Rivaud ne laisse pas apercevoir d'initiation au calcul des probabilités, développé par Pascal et par Huygens, avant décembre 1675, janvier 1676 (cf. n° 1197 A, B, 1259, 1281).

135. Voir plus haut p. 36-38.

136. Dec. 1675, *Elementa*, 26 : « *Esse in loco est per locum transire, quia momentum nullum et omne corpus movetur* ». « Ainsi, commente A. Rivaud, se trouve énoncé, au moins de manière implicite, cette proposition essentielle dans le système de Leibniz, que l'être est identique au changement et que le repos, c'est le néant. » (Revue Metaphys. et Mor., janvier 1914, p. 101). La notion de tendance en résulte immédiatement.

137. *Le Demonstrationum catholicarum conspectus*, 1668-1669 (?), VI, I, 494, après avoir distingué du péché véniel, commis par imprudence, le péché capital qui est volontaire, ajoute — et l'on reconnaît déjà la thèse de la *Confessio* — « *Qui igitur in mortali moritur, is moritur in voluntaria oppugnatione, rebellione, hostilitate in DEUM. Inque eo statu deprehensus magis magisque confirmatur.* » Le renouvellement à l'infini de l'acte volontaire perpétue donc la damnation ou la béatitude.

138. Nous avons vu, note 119, que la Grâce est définie comme appel à l'attention, c'est-à-dire à la réflexion, mot qui se lie, dans notre texte, aux métaphores tirées de l'optique.

139. Comme perception ou sentiment de l'harmonie, le plaisir implique la variété, et mouvement vers la variété, puisque sous l'influence de Hobbes, Leibniz fait du plaisir un mouvement. De même donc qu'être en un lieu, c'est le traverser (note 136), de même (*Elementa*, 130), « *Voluptas videtur venire ex plurium cogitatione, seu*

transitu ad perfectionem ». Le progrès doit donc s'entendre : 1) comme pur changement, issu de la spontanéité de la substance ; 2) comme accroissement de perfection, c'est-à-dire de connaissance, dans les âmes douées d'intelligence, cette connaissance étant d'autant plus parfaite qu'elle embrasse *tota simul*, distinctement, une plus grande variété : en ce sens, la *voluptas « in Deo est ipsa perfectio, tota semel possessa »* (*Elementa*, 126).

140. Ce résultat diabolique de la science est peut-être une allusion à Genèse 3, 4-5, 6 : « Alors le serpent dit à la femme : ... vos yeux s'ouvriront... vous serrez comme des dieux, connaissant le bien et le mal » ; « la femme vit que l'arbre... était précieux pour ouvrir l'intelligence ».

141. Exemple analogue, à partir du sénaire, *Elementa* 130.

142. On peut, remarquait Descartes, avoir l'idée claire et distincte d'une chose sans en connaître encore toutes les propriétés (*Quatrièmes Réponses* A. T. IX (A), 174-175 ; *A Burman*, A.T.V, 151), autrement dit sans en avoir la notion complète. Cette remarque prend ici, sous la plume de Leibniz, un sens analytique qu'elle n'a pas chez Descartes.

143. Le pouvoir infini de combinaisons appartient à l'essence de l'esprit réflexif : « ... *ut si relatio si inter a et b aeque relatio vocetur c, consideretur relatio nova inter a et c, aeque vocetur d, et ita porro in infinitum...* » déc. 1676, T, 266 ; et, sur l'exemple du sénaire, outre les combinaisons par sommes ou produits de facteurs entiers, les combinaisons par produits de nombres fractionnaires, *Elementa* 80, 130, 134. Ci-dessous applications aux propriétés du cercle et des figures inscriptibles. Mais il ne s'agit là que de métaphores portant sur des entités abstraites destinées à nous faire comprendre comment l'intuition d'une même essence *réelle* peut s'enrichir infiniment de perceptions nouvelles.

144. On ne peut rien ajouter à l'être parfait ; on ne peut donc en transformer l'essence comme nous transformons celle du novenaire en faisant intervenir des nombres qui excèdent la collection de neuf unités, par exemple $9 = \frac{36}{4}$.

145. Voir ci-dessus note 142.

146. Dans les travaux préparatoires pour la Caractéristique universelle, 1671-1672, VI, 2, p. 507, on trouve la définition d'*omnitas* : « *QUANTITAS idem est quod ipsa rei totalitas, seu qua quid dicitur totum. Totum est omnes partes. Est ergo quantitas partium omnitas* ».

147. Jag. A partir d'ici commence parallèlement au premier manuscrit, le deuxième manuscrit, B, qui a un autre titre : *Fragmentum colloquii inter Theophilum et Epistemonem. De justitia Dei circa praedestinationem aliisque ad hoc argumentum spectantibus.* Avant le mot *scito*, le manuscrit porte la lettre E = Epistemon ; et partout, par la suite, dans le premier manuscrit, PH est doublé de E entre parenthèses.

Rivaud, *Catalogue* : n° 649 B.

148. Il est clair que le E qui précède *Scito* aurait dû être placé entre parenthèses après PH : c'est toujours le philosophe qui parle.

149. Jag : Dans le manuscrit cette phrase n'est pas soulignée.

150. Jag. Manuscrit B : *et de gagner et d'augmenter fortune, amis.*

151. *République.* Comparaison constante chez Leibniz depuis le *De Arte Combinatoria,* 1666, VI, I, 190, et qui tire son origine de la Cité de Dieu augustinienne. Voir références JU. 371-372.
Jag. Manuscrit B : Leibniz a ajouté : *publicae.*

152. Jag. Cette incise, de la main de Leibniz, est ajoutée dans les marges du manuscrit A et représente le texte du manuscrit B. D'où il est clair que le manuscrit B peut être une copie de A.

153. Jag. En face de cettre phrase, devant les trois lignes est indiqué trois fois : N. B. et se trouvent deux remarques : *Objection : mais il faut concilier ceci avec le système ? Réponse : c'est le signe que mon censeur n'a pas compris le système.*
Même observation note 122.

154. Jag. Le mot *Quod* était d'abord placé après les mots : *in corpore.*

155. Le mot *conatus* n'a pas été traduit : il devient un mot technique dans la Mécanique du XVIIe siècle. *La Table des définitions,* 1702-1704 (?), publiée par Couturat, *Opuscules et fragments inédits de Leibniz,* Paris, 1903, explique p. 474 : « *Conatus est status, ex quo oritur actus <alius status (qui nempe dicitur actus)> nisi quid impediat* ». En 1670-1671, la notion de *Conatus* se lie, chez notre philosophe, d'une part à une doctrine de l'âme — et à la preuve de son immortalité —, d'autre part à la Mécanique. Dans les notes *pour le duc Jean-Frédéric,* II, I, 113, Leibniz annonce : « *Demonstrabo enim Mentem in puncto consistere, cogitationem esse conatum se motum minime, posse simul in eodem plures conatus esse, quanquam non motus. Mentes ergo cogitare posse, comparare diversa, sentire, voluptate et dolore affici, corpora non posse. Unde sequetur non magis mentem destrui posse, quàm punctum* ». Cf. note 188. D'autre part, sur la doctrine du *conatus* et de *l'impetus* dans l'*Hypothesis physica nova* 1670, consulter A. Hannequin : *La première philosophie de Leibniz* (dans : *Études d'Histoire des Sciences et d'Histoire de la Philosophie,* t. II, Paris, 1908) et M. Gueroult : *Dynamique et Métaphysique leibniziennes,* Paris 1934, chap II.

156. Jag. Dans le manuscrit B, au-dessus du mot *corpus* qui a été barré, il y a : *un bateau sous l'effort des rameurs.*

157. Jag. Après cette incise ajoutée au manuscrit A, le *manuscrit B en ajoute une nouvelle* : route par vent contraire.

158. Jag. Manuscrit B : la lutte des *conatus.*

159. Jag. Manuscrit B : *s'abandonner à la douleur, car...*

160. Au lieu de cela, il y avait auparavant : *puisque, d'abord.* En face de cette phrase, en marge, des guillemets et la remarque : *Objection : mais d'où, selon le système proposé, cette réflexion lui vient-elle ? Réponse : il faut que mon censeur ait été bien pressé en lisant ce qui précède.*

161. Jag. Dans le manuscrit B le mot *et* qui va suivre a été sauté.

162. Jag. Au lieu de cela, il y avait d'abord : *quels qu'ils soient qui...*

163. Jag. Manuscrit B : *Au contraire cela ne...* ; et, plus loin : *cela sera nécessaire : autrement...*

164. En face de cette phrase, en marge, il y a, visiblement de Leibniz, cette remarque difficilement lisible : *Objection : Vainement vous accusez le sophisme paresseux, si, en vertu de la série des choses, je ne puis faire autrement.*

165. Que ce qui a eu lieu ait eu lieu prouve qu'il a été chois par Dieu ; donc c'était le meilleur. Que ce qui aura lieu aura lieu prouve, par le même argument, que ce sera le meilleur possible : seulement, cette fois, l'événement ne nous est pas connu : il appartient donc à chacun de travailler selon son zèle et sa conscience en vue du meilleur possible. Dans les deux cas, l'optimisme est satisfait et il nous enjoint d'unir les œuvres à la foi.

166. Jag. Cette phrase est également soulignée dans le manuscrit B.

157. L'intellectualisme leibnizien s'est toujours montré réticent à l'égard des mystiques : il ne tient pas compte des moments de sécheresse que les mystiques rattachent au retrait des Grâces surnaturelles ; il ne croit pas à la possibilité de l'amour désintéressé. Par exemple, en ce qui concerne Saint François de Sales — « Si S. François de Sales et S. Thérèse vivaient à présent — écrira Leibniz en 1697 — ils passeraient pour quiétistes... T, 106 — voir J. H., 137, 160. L'appel à la raison conduit à la tranquillité que cherche le mystique. « Qui aime Dieu est toujours content du passé, optimum, puisque Dieu l'a voulu, non seulement en soi, mais pour celui qui le reconnaît, et c'est là la tranquillité des philosophes, ou la résignation des mystiques », J. H. 138. Le contraire de cette résignation est la rebellion des damnés ou de Belzebuth : voir l'épisode de l'ermite.

168. Jag. Manuscrit B : *mais celui qui* [*sent*] *autrement.*

169. Jag. Banuscrit B : *Dieu (: il ignore que Dieu est la suprême raison de tout :), et il n'aime pas celui qu'il ne connaît point. Aucun homme qui...*

170. Jag. Cette phrase est également soulignée dans le manuscrit B.

171. Puis, entre parenthèses, il y avait la phrase suivante barrée, qui semble être : *du moins l'autre le moment...*

172. Au moment de la mort, l'âme est séparée du corps visible, dont les éléments se dispersent, et se trouve en un état violent dont elle aspire à sortir. A la résurrection — mentionnée aussi plus loin, p. 100 — l'âme retrouve son corps. Le corps se réunit. Comment ? Leibniz a abordé cette question dans une note *De Resurrectione Corporum*, 1671 (?), II, I, 115-117 (compléter par le coupon, de 1676, T, 4-5) qui a retenu vivement l'attention de Jean Baruzi : *Leibniz et l'organisation religieuse de la Terre*, Paris, 1907, p. 207 sq. ; *Leibniz*, Paris, 1909, p. 75. Admettons que subsistent, épars dans la nature, les éléments qui ont constitué le corps au moment de la mort. Dieu, certes peut les réunir. Mais comme le corps vivant est dans un flux perpétuel, et comme il s'est accru, depuis l'enfance, en assimilant d'autres vivants, comment ces autres vivants pourraient-ils, chacun, voir leur corps réuni ? Saint Augustin (*De Civ. Dei, livre* 22, chap. 20) pense que c'est le corps tel qu'il est à la naissance, qui ressuscite. Saint-Paul (*Ephès*, 4) pense que c'est le corps à l'âge parfait, celui du Christ en sa plénitude. Il faut citer encore *Job*, 19, *Ezechiel*, 37. Leibniz, pour échapper aux difficultés, s'appuie sur sa doctrine du point (voir ci-dessus, note 155), et conçoit que le corps se forme à partir d'une matière plastique, d'un principe organisateur enfermé en un point et, par là même, indestructible : il s'inspire des Alchimistes, de la Luz des Rabbins ; en 1676, les observations au microscope de Borelli, Schook lui paraîtront confirmer son hypothèse ; plus tard, dans la Correspondance avec le P. J. Des Bosses, ce point vital organisateur deviendra la monade dominante *(Monas dominans* ou *dominatrix)* d'un organisme.

173. Jag. Manuscrit B : *et in indignantibus.*

174. Jag. Manuscrit B : *et se délectent d'eux-mêmes, ainsi...*

175. Jag. A la place de cette incise, il y avait seulement : *de s'indigner avec douleur.*

L'incise commençait à : « de s'indigner, avec une douleur moins retenue... etc. »

176. Jag. Manuscrit B : *damnables,* [*ils sont*] *damnés eux-mêmes par...*

177. Dans le manuscrit B, Leibniz a remplacé *eudoxa* par *endoxa.* A ce propos, O. Saame renvoie à Aristote, *Topiques*, I, I, 100 à 30 et 100 b 21, *Rhétorique à Alexandre*, 12, 1430 b, et il rappelle la définition de J. Micraélius : *Lexicon philosophicum*, Stettin, 1653, p. 380 : *Endoxa sunt argumenta probabilia quibus probabiliter res demonstratur* ».

178. Dans le manuscrit B, ces mots sont également soulignés.

179. Jag. Se rapportant probablement à cet endroit, il y a à gauche, dans la marge, m/s. B, la remarque : *Sur la concorde à entreprendre entre le Christ et le diable, parmi les récits anciens colligés dans le Miroir du franciscain Philippe Besquier, première partie, chap. 97, p. 186*

(édition de Cologne, 1625), vous avez entendu, plusieurs fois, parler du frère Jacques racontant dans son prêche sur la Sainte Coupe, à Bologne, que Saint Macarie voulut faire la paix entre Dieu et le diable. Et le Seigneur dit à Macarie : si le diable veut avouer publiquement sa faute, moi je lui pardonnerai. Revenu auprès du diable, Macarie lui reporte ce que lui avait dit le Seigneur. Le diable répondit : c'est, au contraire, le Crucifié qui doit fléchir le genou devant moi et avouer son tort à mon égard par quoi il nous a fait croupir tant d'années en enfer. Alors Macarie dit : Va-t-en Satan, et il le chassa. Au vrai, jamais le diable ne lui apparut plus.

Rappelons, après cette note relevée par Jag, que la *Théod.* § 272, P. VI, p. 278, invoquera « le conte qu'on a fait du Pape Grégoire le Grand... comme si par ses prières il aurait tiré de l'enfer l'âme de l'empereur Trajan... Dieu déféra à ses prières (dit-on), mais il lui défendit d'en faire de semblables à l'avenir ».

Pocali, pour *poculi* est un germanisme.

180. Jag. Manuscrit B : au lieu des mots : *comme enivré,* il y a la correction *emporté...*

181. Voir plus haut notes 61 et 62.

182. Jag. Dans le manuscrit B ce mot est visible mais barré.

183. Jag. Dans la suite, sur les deux manuscrits, ces noms propres se présentent ordinairement en abréviation.

184. Jeu de mots intraduisible entre *hostia* (victime) et *hostis* (ennemi).

185. Tout ce passage semble imité de Virgile, *Enéide,* Livre VI, descente d'Enée aux enfers (voir en particulier les vers 118, 126, 495). — Le datif *ipsi* (il est difficile d'admettre que ce soit un génitif, attesté par le seul Afranius) rend la fin difficilement traduisible.

186. Jag. Dans le manuscrit B se trouve l'addition suivante : *comme je l'ai prouvé plus haut.* Au-dessus de la ligne, Leibniz a encore ajouté : *car, bien que librement, c'est cependant infailliblement que cette série a été choisie parce que la meilleure.*

187. Jag : le mot *primum* et, plus loin, le mot *deinde* sont soulignés chaque fois dans les deux manuscrits.

188. Mêmes formules dans les *Elementa,* p. 32 : « *Existere nihil aliud esse, quam Harmonicum esse* », p. 36 : « *Harmonicum maxime quod gratissimum perfectissimo Mentium* ». Rivaud, loc. cit. p. 112, observe que, dès 1672, la loi d'harmonie explique le passage de l'essence à l'existence et cite, en notes, des formules empruntées à un inédit : « *In Mente omnes conatus durant, nec eligitur aliquis addendo aut substrahendo, sed is qui est* ἁρμονικώτατος » ; « *Harmonia id est compositio conatuum* » ; « *Necesse est in cogitationibus ipsis rationem esse cur sentiantur, id est cur existant ; ea non est in singulorum cogitatione, erit ergo in cogitatione pluribus. Ergo in mente id est uno cum*

multis. Ergo in Harmonia, id est unitate plurimorum seu diversitate identitate compensata », et Rivaud de conclure : « On remarquera que la définition de l'Harmonie est la définition même de la Pensée ». — Cf. note 155 et 191.

Jag. Manuscrit B : *cela* [*est le*] *meilleur.*

189. Jag. Dans le manuscrit B, ce mot est souligné.

190. Jag. Manuscrit B : *c'est l'harmonie des choses.*

191. Jag. Dans le manuscrit B, le mot *harmonia* est souligné, de même que le mot *summa* qui vient ensuite. En marge du manuscrit A il y a la remarque : *Objection : Mais l'harmonie des choses, d'où vient-elle ? Pourquoi ne serait-ce pas de l'esprit lui-même ordonnant les choses diverses ? et pourquoi ne peut-on admettre comme argument la prévision des accords et des désaccords par la science suprêmement parfaite ? Réponse : Mon censeur ne comprend pas. L'harmonie des choses est quelque chose d'idéal, dès lors elle s'observe dans les possibles, parce qu'une série de possibles est plus harmonique qu'une autre.*

192. Jag. Manuscrit B : *ainsi toutes les choses dans le monde.*

193. En face de cette phrase, en marge, dans le manuscrit A, il y a la remarque suivante : *Objection : Donc nous aurions une série différente. Donc l'auteur lui-même reste insatisfait d'une seule série jusqu'à ce qu'il en choisisse une autre. Réponse. Objection ridicule. Nous choisissons les futurs par ce que nous ignorons ce que Dieu a décrété à leur sujet. Donc nous ne choisissons pas une série différente.*

194. Une quasi infinité des choses, car l'infinité réelle n'appartient qu'à Dieu.

195. Jag. Manuscrit B : *dissonances des parties.*

196. Jag. Venaient ensuite, entre parenthèses, par après supprimés, les mots suivants : [*par ex. 1 et 3 font 4, de même 3 et 5 font 8*].

197. La lecture des romans devient à la mode au XVIIe siècle. Leibniz vient de nous confier son goût pour l'*Argenis* de Barclay (cf. note 79). A Paris il rencontre Mlle de Scudery : il écrira des vers sur la mort de son perroquet. Ici, je maintiens *Romanos,* néologisme dans le latin du XVIIe, parce qu'on ne trouve pas « histoires romaines » ou « romanes » pour désigner les romans. En français : « ... lesquelles on appelle des romans. » L'adjectif serait *romanesque,* par ex. *De libertate,* Foucher de Careil, *Nouvelles.* Lettres et opuscules inédits, p. 179 : « ... *quales Romaniscorum nomine...* ».

198. Le manuscrit B comporte une variante de la suite : *puisqu'il peut arriver que certaines âmes soient par elles-mêmes très semblables entre elles* [Barré : *ou, pour parler avec l'École, diffèrent solo numero*] *et soient, en conséquence, diversifiées essentiellement par les* [Barré : *seules*] *impressions corporelles, je me demande avec étonnement quelle*

raison... Entre les lignes, variante barrée : *ou, si elles diffèrent par le le degré de perfection, qu'elles aient du moins en commun d'être pures au premier moment de leur naissance.*

199. Il y avait d'abord : *du corps.*

200. Même thèse reprise, en 1683-1684 dans le frgt *De libertate fato, gratia Dei,* où Leibniz s'autorise de Hugues de Saint-Victor : « *Qui* [*Petrus*] *si (libere licet) peccaturus non esset, ne quidem hic Petrus esset, quemadmodum Hugo a S. Victore quaerenti cur Deus Jacobum dilexerit, Esaium odio habuerit, respondit non aliam ejus rei rationem reddi posse quam cur Jacob non sit Esau, quod verissimum est* », T. 314.
Jag. Manuscrit B : *ces autres âmes, aux circonstances...*

201. Jag. Il y avait d'abord : *l'objection est difficile, quoique...*

202. En soulignant *de principio individui,* il semble que Leibniz renvoie au titre de sa thèse de baccalauréat. Sur cette question, voir plus haut notre présentation du texte. Il y avait ici, revu par Leibniz, de la main du copiste : *car la question* [Leibniz : *l'étude*] *très épineuse du principe d'individuation.*

203. Jag. Il y avait ensuite : *bien plus, pas même Dieu,* qui a été barré.

204. L'ange symbolise souvent pour Leibniz une connaissance rationnelle moins limitée que la nôtre — bien que limitée, les anges étant incorporés (voir JU. 108 ssq) — mais pure, de la pureté angélique.

205. « c'est l'haeccéité scotiste, terme critiqué *de principio individui,* 1663, VI, I, 16 ; *de complexionibus,* 1666, VI, I, 229 ; sur Nizolius P. IV, 141 » et accepté ici, comme dans *Disc. Metaphys.* § 8. — JU. 289.

206. Sur la théorie leibnizienne de nombre, voir notre *Leibniz critique de Descartes,* chap. IV.

207. Jag. Manuscrit B : *mais voilà...*

208. Dans le manuscrit B, les mots : *vel ut audacter dicam* ont été supprimés par Leibniz.

209. Cf. note 9.
Jag. Dans le manuscrit B était ici ajouté : *qui par ailleurs sont semblables.*

210. Jag. Ce mot est souligné dans le manuscrit B.

211. Manuscrit B : *de lieu et de temps.*

211. Jag. Ce mot est souligné dans le manuscrit B.

213. Jag. Dans le manuscrit B ce mot est souligné deux fois. Se rapportant à cet endroit, dans le manuscrit A il y a, en marge, une remarque : *Objection : celle-ci, dîtes-vous, mais d'où est-ce prouvé ?*

Pourquoi une autre âme, dans les mêmes circonstances de lieu et de temps, n'agirait-elle pas autrement ? Mais encore, poursuivons l'argument même de l'auteur : une âme serait lavée de toute faute de sa damnation, si toute âme placée dans les mêmes circonstances qu'elle même eût agi de même façon, et cet argument est insoutenable parce que je n'y trouve pas dans les âmes des causes de diversité. De mon ignorance de ces causes je n'ai donc pas le droit de tirer des conséquences qui conduisent à leur négation. — Réponse. Il est aisé de répondre. Une même âme, totalement dégagée de l'existence, agirait de la même façon une fois placée dans les mêmes circonstances, car, en réalité, ce ne serait pas une autre, mais la même parce que n'intervient aucun principe de discrimination.

Note difficile à déchiffrer. Nous avons corrigé, d'après M. Hochstetter, qui a bien voulu nous communiquer sa lecture, la lecture très fautive de Jagodinsky dont l'édition porte : *hoc diu,* pour *haec dicis* (le *haec* reprenant le mot du texte), *temporisque* pour *temporis, eant alia... alia...,* pour *caret anima... anima, Et nullae ibi...,* pour *Ego nullae ibi...,* enfin *(?)* où il faut lire *posita.* Reste encore que le dernier *idem* doit sans doute être changé en *eadem, et que plane non imbuta* rend la dernière phrase très hasardeuse à traduire.

214. Nous n'avons pu identifier le conte auquel probablement Leibniz fait allusion.

215. Jag. Il y avait d'abord : *propageât, et qu'il eût mis à leur place d'autres, meilleurs...*

216. Voir notre *Présentation.* Ce passage semble faire allusion à Arnauld. En tout cas, il se rapporte aux colloques pour la réunion des Églises.

217. Jag. A partir de ce mot jusqu'à la fin, le texte a été barré dans les manuscrits A et B.

218. Manuscrit B : *ou si ainsi...*

219. Leibniz conteste les sentences qui n'apparaissent qu'avec les variations de l'Église. Il pense ici, sans doute, aux critères de la catholicité posés par Vincent de Lerins (voir notre *Leibniz critique de Descartes,* p. 97) : *quod ubique, quod semper, quod ab omnibus creditum est ; hoc est etenim vere propreque catholicum. Hoc ita demum fit, si sequamur universitatem, antiquitatem, consensionem.*

220. La fin de la phrase, d'un latin peu correct, s'explique par l'action d'un gallicisme : *avouer si (oui ou non) tout ne s'expose pas...*

221. Sans l'harmonie de la foi avec la raison — thème de la future *Théodicée* — l'optimisme serait indéfendable, car l'on pourrait supposer l'ordre de la foi contraire à la raison et, par là, échappant à l'espoir raisonnable.

222. Jag. Il y avait d'abord, vraisemblablement : *obdarem.*

223. Jag. Manuscrit B : *poterriam.*

224. Barré : *avec vous.*

225. D'abord : *et les spectres des délirants de balivernes par lesquels, soit qu'ils défendent ineptement* [barré : *la foi*] *les mystères de notre religion, soit qu'ils les attaquent déloyalement, comme si...*

TABLE DES MATIÈRES

Imprimerie de la Manutention à Mayenne – Janvier 2004 – N° 15-04
Dépôt légal : 1er trimestre 2004
Imprimé en France